ISD個性心理学に基づく

最強の自分のつくり方

ISD個性心理学協会代表理事
服部磨早人

大和書房

成功のカギは、
あなたの中にある。

まずは２１６ページの早見表で
あなたのキャラクターを知ってください。

プロローグ

成功者は「他者評価」によってつくられる

なぜ、あの人は他の人より抜きん出ているのか

同じように仕事をしていても、同じような数字上の成績を出していても、成功に結びつく人と結びつかない人がいます。いくら仕事ができても一向に出世しない人がいるかと思えば、たいした成績を残していないのに順調に重要なポジションを得ていく人物もいます。

なぜでしょうか。

それは「社会が〝人〟によって形成されているから」です。

もちろん能力や技術は大切です。ただ、昇格や昇進は上司の評価によるところが大きいし、対外的にも人が人を評価して次の仕事につながり、それが成果となっていくのが現実

のビジネス社会。プロとして、社会人として、一定のスキルをもっていたとしても、さらにそこから評価が得られるかどうかは、個人の人望や印象に大きく左右されます。

つまり人望を得る者だけが、社会で大成する。ずばり、この社会は「他者評価がすべて」と言っても過言ではないのです。

「成功哲学」を学んでも、うまくいかない理由とは

これだけ多くの自己啓発本がちまたに出回っているにもかかわらず、多くの人はいつまで経っても成果を出せずに悩んでいます。

成功哲学はしっかり学んだし、実践方法も知っているのに思うようにいかない。その理由を「努力が足りない」「能力がない」と思い込んでいる人も少なくないようです。

ですが、自分を責める必要はありません。成功できないのは、実はあなたの努力が足りないわけでも、能力が足りないわけでもないのです。

カギは人間のタイプにあります。あなたとあなたが憧れる成功者が同じタイプだとしたら、あなたは成功への階段を楽々と上っていくことでしょう。

ところが、もしタイプが違えば、どんなに成功者の手法を真似《まね》てみても、ほとんど効果は上がりません。あなたが憧れている成功者がきらびやかな格好をして、高級車を乗り回しているからといって、それに倣《なら》って同じような格好や行動をしても、違和感しか与えないかもしれません。むしろ、他人の反感を買って、評判が悪くなる恐れもあります。あなたの個性、あなたのよさを引き出す方法はそれではないからです。

逆に言えば、あなたの個性とやり方がマッチしてこそ、他者から高評価を得ることができ、評判が上がる。そして、評判さえ上がれば、成功はもはや目の前です。

考え方や行動パターンが違う人のやり方を真似てみても、ストレスを生むだけで、同じように成功への道を辿《たど》ることはできません。大切なのは自分の個性に合った方法を見つけること。まずはあなた自身の特性を知ることが成功へのファーストステップです。

自分自身を知ることが高評価につながる

では、自分を高評価につなげる方法とは何でしょうか。

自分は自分ともっとも付き合いが長いにもかかわらず、自分のことがほとんどわかっていない生き物です。ましてや、他者のことなんて、もっとわかっていません。自分のことがわからず、他者のこともわからないのですから、自分がなぜ他者に評価されないのかなんて、わからなくて当然です。

よかれと思ってやったことが相手を不快にさせたり、気遣いが誤解を生んだりした経験は誰にでもあるでしょう。他者との違いがわからないまま、自分の考える正しさやよさを無意識に押しつけてしまった結果です。自分と相手のタイプを知ることなしに、考え方や行動の意図を理解することはとても難しいことなのです。

そうした問題を解決するのが「ＩＳＤ個性心理学」です。

ＩＳＤ個性心理学では、人の個性を考え方や行動パターンが異なる12のタイプに分類します。実際はもっとも大きな分類で3パターン、細かく分けると1万パターン以上になるのですが、本書では理解しやすく、覚えやすい12分類を使って説明していきます。

そもそも人はタイプが違い、考え方、受け止め方、行動の仕方が違うとなれば、あなたがこれまで、他者から理解を得られず、また、他者を理解できなかったことに納得がいくでしょう。自分の強みと弱みを知ること、さらに他者がどんなタイプであるかを知ることは、この社会を生き抜く最強の武器になります。

本書では「ＩＳＤ個性心理学」を用いて、まずは自分がどういうタイプなのか、どんなことに気づけたらいいのか、成功するためにはどんな方法がいいのかなどを伝授《でんじゅ》します。さらに「自分」を知ったうえで、対「人」へのアプローチ方法や「他者評価を上げる」ための具体的な手法を解説します。

基礎理論
ＩＳＤ個性心理学とは何か

本題に入る前に、もう少し詳しく「ＩＳＤ個性心理学」を説明しておきましょう。

ＩＳＤ個性心理学とは、数千年にわたる万物流転《ばんぶつるてん》の大法則として、人間のあらゆる活動の指針となってきた、東洋哲学の大きな流れに基づく「生年月日」から、人の個性を判別するシステムです。人間が生来《せいらい》的にもっている性格のメカニズムに着目し、それを様々な角度から分類・分析します。

生年月日から判別といっても「単なる占い」とは思わないでください。これは実際に１０３万６０００という膨大なデータの統計分析に沿った「学問」なのです。この統計学は人間の思考や行動パターンを知る有効なツールであり、自分と他者との違いを理解するためのロジックです。

性格は「気質」「気性」「習慣的性格」の3つで成り立っている

人間の性格メカニズムは「気質」「気性」「習慣的性格」の3つの定義から成り立っています。「気質」とは、人がもって生まれた性分を指し、性格の基礎となる部分で、思考や行動に直結しています。たとえていうと「種」のようなものです。ひまわりの種をどんなに頑張って育ててもバラは咲きませんが、立派な花が咲くかどうかは育て方次第です。

「気性」とは、気質と心情が重なり合う部分です。思考や感情に影響され、気質の個人差が明確となるところです。

「習慣的性格」とは環境や経験、他者の意見から形成された後天的性格です。努力や反復によってできあがります。習慣的性格は人に対する態度で表れます。たとえば電車で足を踏まれて、怒り出す人もいれば、笑って許す人もいるでしょう。それによって他者は「きつい性格だな」「優しい人ね」と評価を下すわけです。この部分は自分の心がけ次第でいくらでも変えられます。

人の性格はこの3つの性質で構成されています。ＩＳＤ個性心理学では、特に気質の部分に焦点を当て、研究されています。気質を「個性」と称し、それぞれの個性を動物キャラクターによって分類しています。気質である「種」は生涯変わることはありませんが、そこから育まれる性格の「枝葉」は、扱い方次第でいかようにも伸ばすことができます。

さあ、いよいよ、あなたがあなた自身を、そしてあなたに関わる他者を知るための大いなる旅の始まりです。まずは自分がどの動物のキャラクターに属するのか、216ページの早見表で確認してください。そして、それぞれの章で自分の性格メカニズムを知ってください。「他者からどんな評価を得やすいのか」「評価を高めるために気をつけるべきことは何か」を知り、それを念頭に置いて行動することです。

もし、自分を評価する人が特定の人であれば、相手の属するキャラクターの性格を知っておくとさらにいいでしょう。他者がどのような視点で物事を評価するかも大切なポイントです。

本書が、あなたを成功へと導くバイブルとなりますように――。

目次

第1章

狼《おおかみ》

狼

ゴーイング・マイ・ウェイで初志貫徹《しょしかんてつ》

あなたの キーワード

自分流　知恵者　風変わり　独創的　美学　ポリシー

あなたの 特徴

- ひとりでいるのが好き
- オンリーワンでナンバーワンを目指す
- 納得いくまでとことん考える
- 何でもすぐメモを取る
- 一度決めたら貫《つらぬ》き通す
- 時系列の記憶力が高い
- 超マイペース
- 自分だけの流儀がある
- 融通《ゆうずう》が利かない
- 単純作業が苦にならない
- 人の真似が嫌い
- 「個性的だね」は褒《ほ》め言葉

狼タイプの著名人

石橋貴明（とんねるず）、今井美樹（歌手）、鬼塚喜八郎（アシックス創業者）、ジャック・ウェルチ（実業家）、竹村健一（政治評論家）、野村克也（元プロ野球監督）、船井幸雄（船井総研創業者）、星野佳路（星野リゾート代表取締役社長）

あなたの性格・基本的なこと

狼タイプは定番・無難・普通という角度から物事を捉《とら》えず、オリジナリティを追求して自分独自のものを構築しようとします。そのため「変わっているね」と言われると褒められたと受け取り、「普通」という言葉はけなされたように感じます。ここが狼タイプ独自の美学です。

考えや行動にそれぞれ意味やポリシーをもっているので、芯は強く途中で放棄《ほうき》することはめったにしませんが、融通が利かないのでスピード感はあまりありません。自分の考えや行動に対しての否定的な意見や、ペースを乱されることを嫌がり、世界観の違いから周囲との摩擦《まさつ》も少なくありません。

やや言葉足らずで、どことなく近寄りがたい雰囲気があり、周囲から無愛想《ぶあいそう》な人と思われるので、コミュニケーションを取るのに時間がかかります。

そんなクールな一面とは反対に、親切でシャレの通じるタイプです。ただ、一切他人を受け入れない自分だけの時間と空間はしっかりと確保します。

プライベートなことを、しつこく詮索《せんさく》されることを嫌います。自分の主張を強引に押しつけるところがあり、相手が強く出ると反発することも多いので注意が必要です。

我が道を行く「ゴーイング・マイ・ウェイ」の精神

物事へのとっかかりは遅いものの、一度決めたことには石にかじりついてでも成し遂《と》げる意地をもっています。自分なりに信念を胸にして事にあたるため、社会の流行やスピードに影響されることはありません。徹底したゴーイング・マイ・ウェイのスタイルで進む初志貫徹型です。

周囲の人に依存や期待をしないために、常にマイペースを保つことができます。スピーディに世渡りをしていくタイプではありませんが、信じた道をひたすら歩み続ける堅実な姿勢が魅力的です。

今日の細かいことにとらわれず、いつもゆったりと構えているのも、長期的視点で未来を見据《みす》えているからだといえます。その意味では、着実な大器晩成型です。下手に自分を押し殺すことなく、堂々と我が道を行くことを考えるのが成功への近道です。

他人と違うことを恐れないアーティスト気質

既存《きぞん》のものでは満足できず、他の人には真似できないような独自のものを組み入れるのがこのタイプの特徴です。したがって応用というよりは創造する才能があり、豊かな発想力を発揮《はっき》することができます。

実績や伝統を疎《おろそ》かにすることはありませんが、それをあらためて自分で研究するよりは、その上に立って自分なりのスパイスをきかせることに魅力を感じます。

たとえ従来から存在する分野に携《たずさ》わることになっても、それをこれまでどおりの形で引き継ぐようなことはしません。あくまで独自のシステムを導入し、それを掲《かか》げて新しい形でオンリーワンを目指そうとするのです。「そうでなければ、自分がやる意味はない」と思っているくらい、アイデアには自信をもっているのがこのタイプです。

時には人が「現実離れしている」と思う分野に力を注《そそ》ぎます。多くの人が「世に出ない」と判断しても、それを現実に引き寄せ、誰もが理解できるように刷新《さっしん》する可能性を感じさせます。

自主独立の気概《きがい》をもっているだけに、独自性を追求して日本一、世界一になることを目標にすべきでしょう。それは決して実現不可能な計画に終わらないはずです。

自分らしさを貫くマインド

オリジナルの人生観を背景にして、周囲の人に左右されずに生きるタイプです。それだけに、飾り気のない無口な態度は一見とっつきにくさを感じさせます。どちらかというとぶっきらぼうで、周りの人にとっては何を考えているのかわからないようなところがあります。淡々としているもののコミュニケーションは不器用なので、自分でも相手にどう接してよいのかわからず、困惑してしまうのです。

自分で考え、自分で行動することには抵抗のない人で、計画の立案や問題の究明にあたっては、熟慮《じゅくりょ》に熟慮を重ねたうえでとても論理的な答えを引き出します。そうやって自分の描いた計画には忠実であり、飛躍《ひやく》的なことはせず、一歩一歩、着実な前進姿勢をくずすことはありません。

頑固ながら、一度決めたら最後までやり抜く情熱をもっているのがこのタイプの特徴です。

知識を駆使《くし》して時流に乗る

人と違うことをするのが好きなので、今まで誰もやっていないことを、どういう戦略で成立させるかを考えるのが得意です。経営では知力知謀《ちぼう》を駆使するのが成功への近道です。

このタイプの人が立てる計画にはすべて洞察《どうさつ》力が根本にあり、そのうえで独自の目的をもつため、今よりも将来に照準《しょうじゅん》があるのが特徴です。

明日を信じて生きるタイプだけに、その目的を実現するために現段階で何をすべきか、その次にどうすべきか、と時系列に考えていくのがうまい。重要性を考えた無駄《むだ》のない順序立てを心得ているといえます。

周囲から見れば漠然《ばくぜん》とした計画であっても、次第にその全貌《ぜんぼう》を現し、実現可能な段階までもっていく一途な情熱を内に秘めています。

大切なことは、自分なりの目的意識をもつことです。そこからこのタイプの才能が開花していくのですから、自分の方向性を時代に重ねて洞察することをまず考えるべきでしょう。

納得いくまで熟考してやり遂げる力

その場限りのいい加減な行動や、変化に即応《そくおう》するような対処はできません。じっくり考える時間のないことは、まったくもって苦手です。それだけ責任感が強く、自分を見失うことがない誠実さをもっているといえます。

機転の利いた融通性には欠けるものの、熟慮して答えを出したことに対しては粘り強く取り組む、自分に厳しいタイプです。

物事の判断は客観的で筋が通っており、自分の体験から生きた意見を取り入れながら論理的思考を繰り広げます。

お金に関することでも強い合理的な面をもっており、さらに綿密《めんみつ》かつ正確な計画性、企画の才能まであるのですから、その頭脳を活かさない手はありません。

このタイプがぬるま湯に浸かってのんきに過ごすことは、まさに「宝の持ち腐れ」です。人の上に立ちたければ、その緻密《ちみつ》な頭脳をフルに使って才能に磨きをかけることが大切です。

あなたの本質

狼のキャラクターを人間の一生にたとえると、魂が生まれ変わるべく新しい生命体が宿った状態です。母体の中で生命誕生の瞬間を待ちわびているのです。

新しい人生の出発ですから、誰のものでもない、自分なりの生き方を目指して心の中で意欲を燃やしています。

また母体の中で育《はぐく》まれている状態であるだけに、生まれてから先のことをじっくり考え、見通しながら人生を描いています。

誰の影響も受けることなく、自分なりに考えているので、既成概念を超えて他人とは違う独自の道を見出《みいだ》します。

母体の中では時間がたっぷりあるだけに、時間の経過を忘れるくらいに、じっくりと考え込み、その目的達成のために自分の道を一歩一歩まっすぐ歩んでいきます。

人はあなたをどう見ているか

じっくり時間をかけて物事に対処するところが、周りからは「考えすぎる人」と見られています。考え事や何かに没頭《ぼっとう》している時に、話をもちかけられても、ろくに返事をしようとしません。

自分の世界に固執《こしつ》しすぎて「癖《くせ》のある人」だと捉えられることもあります。プライベートを重んじ、他人が踏み入ることをとても嫌うので、周囲には気を遣わせているかもしれません。

ものの言い方が単刀直入で、相手に気持ちが伝わりにくく、「あの人は何を考えているかわからない」と思われる面もあります。独自の考えをしっかりもった人ですが、何事も自分のペースで進めようとするので、話の途中で意見や質問をしにくい雰囲気があり、そうした傾向を助長しています。

他人に歩み寄ろうという姿勢はあるのですが、そもそもの考え方が違うため、気配りが裏目に出てしまい、やや空回りの感があります。

最強になるための長所の伸ばし方

もともと調和や駆け引きを考える器用さをもち合わせていないので、自分のことだけを自分なりにじっくり考えることしかできないのです。

他人と同じやり方をしようとしても、うまくいかないタイプです。自分なりに気を遣ってみても、かえって逆効果になってしまいます。無理して苦手なことを伸ばすことよりも、そのオリジナリティ溢《あふ》れる感覚を活かすことを考えましょう。

ただ、独善《どくぜん》に陥《おちい》ると孤立してしまう恐れがあります。他人の考えが自分と違っていても、頭ごなしに否定しないこと。まずは相手の話に耳を傾ける努力をしましょう。聞く力と順《じゅん》応《のう》性をつけることで味方が増えます。

特に気をつけるべきポイント

言葉足らずのところがあるので、周囲の誤解を招く恐れがあります。順序立てて、流れに沿った話ができるよう心がけてください。

自分の考えに固執して意地を張る場合があります。話の途中で相手に意見や質問をされても対応できるように、自分のペースをコントロールするのも重要なポイントです。

学んだことはそのまま実践するのではなく、自分流にアレンジして目標を設定し、計画を立てて、独自のやり方で遂行《すいこう》しましょう。

ただ、初志貫徹型なので一度決めると融通の利かない面があります。物事を決定してしまう前に、もっと周囲と相談すること、選択肢を増やすことを大切にしましょう。

時に頭で考えすぎて行動に移せない場合があります。スケジュールを立てることは得意なのですから、それに沿って行動するよう心がけてください。

評価の上げ方

みんなと同じものには興味を示さないところから、時には常識はずれで、横柄《おうへい》な人物という評価を受けることもあります。

かといって、自分を理解してもらいたいとあがいてもうまくいきません。評判をよくしようとして、相手に合わせてもストレスが溜まるばかりです。他の人とは違う、あなたらしさを大切にしましょう。

実際には駆け引きのない実直な人間性をもっており、義理人情に厚い人付き合いをするタイプです。それを自然体で伝えるだけでよいのです。

狼タイプにとって周りを気にしすぎることはマイナスですが、本来のよさを誤解されないように、他人に歩み寄る努力も必要です。自分の持ち味を活かしつつも、相手に適応する能力を身につけることができたら、周りからの評価はぐんと上がります。

他人から提案をされてもケチをつけられたと頭ごなしに否定せず、まずはその意見を聞こうとする姿勢を習慣化しましょう。

強いオリジナリティをもっていますが、ややもすると独りよがりになりがちです。勝手に自分の頭の中だけで考えて結論づけることも少なくありません。他にもいろいろな考え方や、やり方があることを受け入れ、参考にしていく柔軟性《じゅうなん》をもつことがポイントです。そのためにも、フォローしてくれる人間関係を大切にしましょう。

どのような環境に身を置くかも重要です。人とまったく違うことを認めてもらえるポジションを見つけるか、周りと協調しつつもオリジナリティを見出していくか。あなたの適性に合わせて選択してみてください。

対人的な直感力は乏《とぼ》しいものの、時代を見通す洞察力は鋭い。先を見通す目を活かせば日本のトップリーダーになることも夢ではありません。

あなたは人をどう評価するか

狼タイプにとって、「自分が認めているかどうか」が評価のポイントです。

あなたの所属しているグループ以外の相手には強い警戒心をもち、グループ内では厳格な順位づけをします。自分よりも上位の存在と認識した人の話は聞きますが、そうでなければ耳を傾けようとしません。

ですから、あなたの味方であり、一目置ける存在であることが肝要《かんよう》になります。トータルで優れている必要はありませんが、どこか一カ所でも抜きん出た分野があれば、高く評価します。

自分の縄張りを乱されることを嫌いますから、知っている人やなじみの店を紹介するのは、狼タイプにとっては他の人が考えるよりもずっと価値のあることです。そんな自分の心配りに対してはきちんと応えてほしい。どんな雰囲気だったか、どんなふうに感じたか、順を追って状況や感想を報告してもらいたいのです。それができないと「気遣いのできない人」という判断を下します。

仕事においても、結果よりもプロセスが大切です。きちんと「報《ほう》（告）・連《れん》（絡）・相《そう》（談）」

をしてくれる相手を歓迎します。くどいくらい経過報告があるほうが安心で、それができるかどうかで「仕事ができる・できない」を評価するのです。

自分と他人との役割分担を明確にし、境界線を越えて入ってこられることを極端に嫌います。あなたの仕事にあれこれ口出ししないで、その「自分流」のやり方やペースを尊重してくれる人に好感を抱くのです。

自分の考えに絶対的な自信をもっているので、ケチをつけられると反発します。頭ごなしに否定をする人は即座に「敵」と見なします。

お世辞は嫌いなタイプですが、アイデアに関しては、大げさなくらい褒めてもらいたい。個性的であることに誇りをもっているので、「あなたしか思いつかない」と絶賛されると弱いのです。

そんな評価をしてくれた相手に対しては、自分のモチベーションを上げてくれる、よき理解者として認めます。

最強の自分のつくりかた

第2章

こじか

こじか

自然体で表裏のない正直者

あなたの キーワード

信頼感　安心　安全　真理　誠実　知りたがり

あなたの 特徴

- 好奇心旺盛《おうせい》だが警戒心は強い
- 緊張感を保てない
- 初対面では自分を見せない
- 心を許した人とだけ話をしたがる
- 親しくなるとわがままになる
- 余計な一言が多い
- いつも愛情確認をしたがる
- 駆け引きするのは苦手
- 感情を隠すことができない
- 思っていることがすぐ顔に出る
- 心安らぐ環境を求める
- 口に入れるものの成分や安全性を気にする
- 人を教え育てることが得意

こじかタイプの著名人

アール・ナイチンゲール（実業家）、桑田真澄（元プロ野球選手）、竹田和平（竹田製菓代表取締役）、田村淳（ロンドンブーツ1号2号）、藤田田（実業家）、星野仙一（元プロ野球監督）、松岡修造（元プロテニス選手）

あなたの性格・基本的なこと

こじかタイプは明るく無邪気《むじゃき》ですが、人見知りが激しく、初対面ではかなり受け身になってしまいます。一度嫌いになるとなかなか心を許しませんが、親しくなればなるほど相手にわがままを言います。

感情を隠し切れないところがあり、思ったことをそのまま口にして、悪気なく、相手の地雷《じらい》を踏んでしまうことも少なくありません。

甘えたがりで独占欲も強く、自分の話題を自らもち込んで会話の中心にいようとします。ただし、大人数の前になるとその数に圧倒され萎縮《いしゅく》してしまいます。

好奇心は旺盛ですが、警戒心も強いのであまり思い切ったことはできません。行動範囲は狭く、自分がよく知る場所以外はあまりテリトリーを広げようとはしません。

人の気持ちを頭で考えるので、ぶっきらぼうな態度や口のきき方をされるととても落ち込みます。

真面目《まじめ》で正義感が強いこじかタイプは、愛情や思いやりを大事にしているので、駆け引きや嘘《うそ》をつかれることをもっとも嫌います。

からかわれることが苦手で、強いツッコミを真面目に受け取ってしまう。疑問点があると前に進めないのも特徴です。

自然体で人間らしく生きる

私心なき善人であり、表裏のない無邪気な人間性をもっているため、誰からも愛されかわいがられます。疑うことを知らずに素直に接していくので、人見知りするわりには、騙《だま》されやすいという弱点があります。

常に自然体であって、無理せず自分らしく生きたいと望んでいます。したがって努力と根性を得意とするタイプではなく、情熱をもって自分の人生をどうこうしようとは思っていません。あくまでも流れにまかせ、事の成り行きを見守る態度を取りながら、かといって事なかれ主義に傾くことなく、ゆったりとしたペースで生きています。

それでいて、いざという時には覚悟を決めて責任を取るといった潔《いさぎよ》い面があり、その誠意と芯の強さに信頼を集めています。温和な態度を取りながらも、一本筋の通った信念を胸に秘めているのが特徴です。

もともと気の小さい心配性であって、悠々《ゆうゆう》と生きているように見えても、周囲には常に神経を遣っています。

細かいところまでよく気がつくだけに、神経の疲労が激しく、常に緊張気味です。それだけに、いつでも安心していられる快適な環境を求めようとしています。

安心安全な環境づくりが成功へのカギ

小さいことを気に病むタイプなので、余計な心配のいらない環境づくりを考えるべきです。あまりにも不安が重なるとすっかり閉口《へいこう》して、しまいには泣き出したくなってしまいます。

そうなると、些細《ささい》な心配事に気を取られて、せっかくの才能を少しも発揮できません。

このタイプがもてる能力をいかんなく発揮できるのは、まぎれもなく安心できる環境にいる時です。その安心材料を客観的なデータに求めることが多いので、情報処理能力に長《た》けています。

多少封建的《ほうけん》ではあっても、秩序《ちつじょ》のしっかりした組織になじみやすいのは、自分の立場が安定するからに他なりません。また、行動範囲が決まっているのも、冒険より安心できることを選ぶからです。

このタイプにとって、新しい環境に順応するのは容易《ようい》ではありません。人に対しても空間に対しても、心休まることと安心できることを第一条件に考えるべきでしょう。よき環境づくりが成功につながります。

ブレーンに徹せよ

細部にわたって気がつくだけあって、訂正を必要とするポイントを発見する天才です。注意深く観察して、その誤りを的確に指摘する目をもっています。

そして、一度見つけた間違いはきちんと正さずにはいられません。特に自分の進むべき道については、細心の注意を払っているだけあって、計画に軌道修正が必要な場合はいち早く発見することが得意です。いつの間にかずれてしまった道筋をしっかりと元に戻してからでないと、気になってとても再開などできないのです。

たとえそれが他人のことであっても、黙って見て見ぬふりをすることはできません。気がついてしまったことは胸にしまっておけず、すぐに口に出してしまう性分だからです。

時に余計な一言を言ってしまうきらいはありますが、物事の本質を見抜く目は有能なブレーン役として、他者から一目置かれることでしょう。

本物の信頼関係を築く

細かいところまで、まめまめしく気のつくタイプです。日頃から対人的な配慮が行き届いているので、相手をすっかり満足させてしまう「うまさ」があり、「よく気が利く」とかわいがられることにもなります。

好意をもたれる自分でありたいと思っているので、ふとしたところで自分の気持ちを表現します。ちょっとした品物でも心を込めて贈るのです。お世話になったお礼ばかりではなく、相手が大切にしている記念日を忘れないなど、気を利かせるタイミングが上手なのです。

それがわざとらしい大胆なものでないだけに、相手の心に響きます。相手が喜ぶ顔を見るのが純粋に嬉しいからこそできる業《わざ》だといえるでしょう。

のんびりしているようで、いつも人一倍気を遣っているために疲れやすい面もあります。それでも相手と気持ちが通じ合うのなら、これ以上の喜びはないと思っているのです。

そこがかわいがられるところであり、すっかり気に入られて、いい人がいい人を紹介してくれるようになります。着実に人の輪が広がっていき、心温まる交流ができるのです。

慎重に安定路線を目指す

物事を始めるにあたっては、常に失敗した時のことを考えてから取り組む慎重派です。万が一のことがあった時に、自分で責任の取れる範囲であるかどうかを考えます。この程度なら取り返しがきくと納得できて、初めて重い腰を上げるのです。

したがってその計画は実に入念で、細心の注意が施《ほどこ》されています。念には念を入れ、用心に用心を重ねてから行動に移すだけあって、大きな失敗をすることが少ないのです。

もともとが心配性ですので、その不安を一つひとつ解消してからでないと仕事に手がつきません。反面、一度納得してやり始めたことは、どんどんテンポを上げて成し遂げようとします。早くやってしまわないと、いつどうなるかわからないという心配が頭をもたげてくるからです。取りかかるまでは慎重で、いざ取り組むと急にそそくさと慌ただしくなるやり方が多いでしょう。しかし、危険を冒《おか》さず安全策を取る地道な姿勢は信頼に値します。決してずば抜けた成果を上げるやり方ではありませんが、無理をせずムラのない安全路線を一歩一歩確実に歩むことができます。

あなたの本質

こじかのキャラクターを人間の一生にたとえると、生まれたばかりの赤ん坊です。母親の庇護《ひご》の下《もと》に、何の心配もなくスヤスヤと眠っています。

まだひとりでは何もできない状態ですから、母親の腕の中がこの世でもっとも安全で安心できる場所です。

駆け引きや要領のよさもないだけに、大人のずるさに振り回されることも多い。そのため、純粋無垢《むく》でありながら、だんだんと臆病《おくびょう》になり、人に対する警戒心が芽生えます。

いつも本物を追求しようとするのもそのためです。情報処理能力に優れ、物事の本質を的確に見抜く力があります。安心で信頼の置ける環境づくりが得意です。

よきアドバイザーとして信頼され、人と人とをつなぐ役割にも適しています。

人はあなたをどう見ているか

とても警戒心が強いので確実に信頼できるものを必要とします。それを人に置くか、数字に置くかで他人からの評価は真っ二つに分かれる傾向にあります。前者は相手のためなら何でもする信頼が厚い人、後者は自分で一切のリスクを取らない打算的な人と、それぞれまったく異なるタイプに見えるのです。

考えていることが全部顔に出るので、わかりやすい人と思われています。嫌いな人にも気持ちを１００パーセント隠すことができないので、そのことが相手に伝わってしまうのです。一度心を許した相手には、わざわざ言わなくてもよい一言を、うっかり口にしてしまうこともあります。しかし、物事の善し悪しをはっきりと言う表裏のない性格は、周囲からは意外と好感と信頼を得ているのです。

安心安全を重視するため、この人が選んだものに間違いなしという評価も得ています。あなたにアドバイスを求める人も少なくないでしょう。

最強になるための長所の伸ばし方

物事に対して真実を見極める目があります。「有名人が言っているから」「値段が高いから」などのブランドやイメージに惑《まど》わされることはありません。余計な装飾を排除して、要点はどこにあるのか、相手が何を言いたいのか、といったポイントを絞り込み、正確なジャッジができるタイプです。

自分以外の話であれば、よきアドバイザーとしてその才能を存分に発揮できますが、いざ当事者になるとあやふやになってしまう傾向にあります。

素直な性格から、他人に振り回されることや、騙されてしまうこともあるので注意が必要です。情に流されず常に第三者的視点をもって事にあたりましょう。利害関係のない立場で信頼できる唯一の人を見つけることも得策です。

特に気をつけるべきポイント

石橋を叩きすぎて、なかなか行動に移せません。最初の一歩を踏み出す勇気をもちましょう。

どうしても不安な時のために、相談できる友人は心強い存在となるでしょう。ただ、心を許すと相手に甘えすぎてしまう面もあるので、ほどほどの距離を保つことを忘れないようにしましょう。お互いの信頼関係が大切です。

気になったことを考えなしにそのままズバッと言い放ち、相手の気持ちを害することもあるようです。人の間違いを的確に指摘できるだけに、常に自分は正しいと錯覚《さっかく》しがちです。

そうなると、自分のことは棚に上げて、人の揚げ足を取ることになりかねないので注意が必要です。それは本当に口にすべきことかどうか、一旦考えてから発言する習慣を身につけましょう。

評価の上げ方

ブレーン役としては最高の存在なので、その才能を人のために役立てられれば、感謝されて評価はアップします。

安全性を担保《たんぽ》されないと能力を発揮できないので、まず環境を整えることが大切です。安心安全の材料を数字に求めるとビジネスとしては成功しますが、計算高い人物と噂されて人がついてきません。人に信頼を置き、裏切らない関係性を築くことができれば、人徳を得られ人生の勝利者となるでしょう。

根が真面目なので、下手に駆け引きを身につけないことが得策。表裏のない人間性が周囲から信頼を得ていることを忘れないようにしましょう。嘘をつけない一本気な性格があなたの魅力なのです。

人見知りのところがあり、初対面の人と会うのが苦手です。ジョークも真面目に受け止めてしまい、笑うどころか本気で怒ってしまう子どもっぽいところもあります。

また、人の好き嫌いも激しく、嫌いな相手にはそれをあからさまに顔に出してしまいます。そこは大人になって多少の社交辞令を身につけることも必要です。ちょっと苦手だと思う人とも付き合う努力をしましょう。

反対に自分が嫌われることには敏感です。わかってもらえないとぼやかないで、広い心で受け止めることが大切です。

あなたの高い情報処理能力や本物を追求する力を必要とする人はたくさんいます。信頼関係を築き、よき相談役として人から頼られる存在を目指しましょう。

あなたは人をどう評価するか

もともと警戒心が強いので、いきなり自分のパーソナルスペースに入ってくる人が苦手です。初対面でなれなれしくしてくる人を不快に思います。一度目より、二度目……と会う回数を重ねるごとに、相手とゆっくりと距離を縮めていくタイプ。打ち解けるまでに時間がかかっても、一度仲良くなれば、長きにわたって友好的な信頼関係を築きます。

予測外な行動をされると苛立《いらだ》ちます。サプライズは苦手です。嘘や大げさな話をとても嫌がります。真剣な話をした後で「今のは嘘」というような冗談を言われても、まったく通じないどころか、怒りを覚えるだけです。嘘とジョークの境界線が曖昧《あいまい》な話を繰り返されると、「何を信じていいかわからない人」として信頼できなくなります。

一方、自分と違う視点やアイデアをもっている人に一目置きます。考え方が面白い人、各分野の情報に長けている人が、あなたにとっての「頭がいい人」なのです。細かいところもよく見ているので、たとえ全体として不足があったとしても、ポイント、ポイントで優れたところがあれば、きちんと評価します。

反対に、知ったかぶりをする人のことはあからさまに軽蔑《けいべつ》します。本質を見抜くことに長けていますから、メッキはすぐに見破れるのです。自分のほうがよっぽどその道に通じているることがわかると、とたんに相手への興味を失います。「できる」と口先だけでアピールされるより、きちんと行動で示してくれるかどうかが大切なのです。

本物を追求するあなたにとって、信頼関係がすべてです。後で不都合なことを知らされるよりも、最初から正直にすべてをさらけ出してほしい。初めから手の内を明かしたうえで、よい面もきちんと説明されると、信用を置ける人物として高く評価します。

最強の自分のつくり方

第3章 猿

猿

ここ一番のチャンスに強い短期決戦型の勝負師

あなたの キーワード

即戦力　先手必勝　短期集中　即断即決　実益

あなたの 特徴

- よく細かいことに気がつく
- 乗せられるとその気になる
- 堅苦しい雰囲気が苦手
- 何でもゲーム感覚で楽しむ
- じっとしていられない
- うっかりミスが多い
- すぐに結果を出したがる
- ギブ・アンド・テイクを求める
- 駆け引きが得意
- 場を盛り上げるムードメーカー
- フロンティア精神の持ち主
- 手先が器用で人真似が上手
- 勝負は短期決戦型

猿タイプの著名人

アントニオ猪木（元プロレスラー／政治家）、飯田亮（セコム創業者）、鶴岡秀子（実業家）、つんく♂（音楽プロデューサー）、長嶋茂雄（元プロ野球監督）、宗次徳二（壱番屋創業者）、柳沢慎吾（俳優／コメディアン）

あなたの 性格・基本的なこと

猿タイプはやんちゃで何事も楽天的に考えるお調子者です。愛嬌《あいきょう》があり、誰とでもすぐにフランクな付き合いをすることができます。一方で堅苦しい環境や雰囲気が苦手です。チャレンジ精神が旺盛で何にでもトライします。何事も自分なりにルールを決めてゲーム感覚で楽しみますが、思ったように結果が出ないとすぐにあきらめてしまいます。

成果が上がらないことや目標のないことにはまったく興味がありません。要領がよく器用なので、それなりに結果を出すことはできますが、アクシデントや障害に直面するとパワーダウンしてしまいます。

猿タイプの基本的な思考回路は「イエスかノーか」「できるかできないか」。白黒はっきりする両極の決断しかありません。そのため優柔不断《ゆうじゅうふだん》な態度や曖昧な対応を嫌がります。

頭の中と体が直結しており、行動にはスピード感がありますが、早合点《はやがてん》するという一面ももっています。

一方で、頭の回転が速く合理的に物事を解決することができ、特に損得勘定に関してはシビアに判断する能力をもっています。

フロンティア精神で人生を切り拓《ひら》く

気持ちはいつも若々しい情熱に溢れ、前進あるのみで人生を切り拓いていくタイプです。今の自分のもてる限りの力を発揮できる環境でこそ、イキイキとして充実した毎日を送ることができます。

その瞬間瞬間にベストを尽くして結果を出すという持ち味から、とっさの状況判断や先手を打つ機転に優れ、巧妙《こうみょう》な駆け引きでチャンスをものにしてピンチを切り抜けることを得意とします。ここ一番の勝負強さが大きな特徴となっています。

人の気持ちを察する神経の細やかさがあり、誰に対しても気分を害することがないように、いつも頭の中で「何をすれば相手の役に立つか、喜ばれるか」と考えています。「常に相手にとって貢献すべき何かをもっている必要がある」というのが信条です。大切にするのはギブ・アンド・テイクの関係。お互いが得をすることがモットーですから、損得勘定抜きには付き合えないシビアなところもあります。

多少軽率《けいそつ》なところがあるものの、その場のムードを盛り上げることがうまく、周りを自分のペースに引き込んでしまう才能があります。「こいつはできる」と一目置かれた即戦力のリーダーとして、必ず期待どおりの成果を上げる頼もしいタイプといえるでしょう。

短期決戦で実力を発揮する

今役に立つ、すぐ結果が出る瞬間の勝負にはずば抜けた強さを見せます。目先の利益にとても敏感であり、そのために今何をすべきか的確に察知し、素早く行動します。

その場その場を先制攻撃で乗り切っていくタイプですから、長期的な展望に立った駆け引きはできません。時代の先端の波にはいち早く乗れるものの、時代を見通して将来の計画を立てる先見力には乏しいのです。

即戦力としての自分の役割に徹し、長期的なビジョンを立てる役割は、それが得意な人にまかせるほうがよいでしょう。できもしないことに手を出すと、とんでもない失敗をすることにもなりかねません。

実力発揮は短期決戦がポイントと心得ましょう。

攻めに徹するのがベスト

プロジェクトに取り組む時には、実に見事な計画書を作成してテキパキと実行していくタイプです。

タイム・スケジュールといい、役割分担といい、無駄がありません。忙しいことを苦にせず、どちらかといえばやりがいを感じるほうですから、自分ばかりでなく周りも巻き込んでバリバリ仕事をする雰囲気にしてしまいます。

その人の利用できるところ、人材の価値を見出して配置や活用をする勘は鋭く、その意味では組織力も十分です。

ただ、自分の立てた計画が思わぬ壁にぶち当たって滞《とどこお》ると、とたんに足元がふらつく弱さがあるので、「攻めが自分なら、守りは誰々」というように、逆境に強いパートナーをもつといいでしょう。自分で処理しようとすると、結果を焦《あせ》って損をする可能性もあります。

後手に回って言い逃れをしていると、言い訳が重なって思わぬ大問題になってしまうこともあるので、自分のペースがくずれてきたなと思ったら、ミスが小さいうちに潔く守り部隊にバトンタッチしましょう。

負けるが勝ち

人の心理を読み取って機転を利かせるのが武器であるだけに、ピントがずれてとんだ失敗をすることもあります。

もともと頭の切り替えや立ち直りは素早いほうではありますが、一度や二度の失敗はすぐに清算し、今の自分で勝負するつもりで頑張ることがよいでしょう。

競争意識が強いことから、多かれ少なかれ、自分のミスを素直に認めたがらない悪い癖があります。ぜひ「負けるが勝ち」を覚えてください。

過去にこだわらず、後腐れのない付き合いのできるタイプでもあるので、失敗の後の敗者復活戦に全力投球することによって、よりたくましく、より大きく成長していく可能性を秘めています。

いつまでもだらだらと貴重な時間を無駄にしていると、巻き返しのチャンスを逃してしまう危険があるので、自分の可能性に賭けて奮起《ふんき》することがよい結果を生み出します。

成功事例を自分流にアレンジ

無から有を生もうとしても、才能には限界があります。それならば、既存のものにちょっとした工夫をこらして、それ以上のものにすることを考えるほうがよいでしょう。そうした応用のセンスは人一倍優れているので、デザイナーというよりはコーディネーターとして能力を発揮するタイプです。

飲み込みが早く、何でも要領よくこなせる器用さを大いに活用して、独自のアイデアを形にしましょう。

肩肘《かたひじ》を張らないムードづくり

肩肘を張らないフランクなムードが、もっとも自分らしく活躍できるタイプです。誰とでもまるで数年来の友だちのようになれなれしくするのも、早いところ気心の知れた関係になってしまいたいからです。そうしたリラックスできる状況であれば、対人的な駆け引きも自由自在であるし、思いどおりに自分のペースにもっていくことができるのです。

環境によって大きく左右される性質でもあります。ムードを壊されればやる気がなくなるし、ペースをくずされればチャンスを逃す傾向にあります。

大切なのは、自分がその日その時の気分で調子が違うことを自覚し、その中でベストを尽くすよう心がけることです。いつでもやる気ムードになるよう自分で自分を盛り上げる演出をしましょう。

あなたの 本質

猿のキャラクターを人間の一生にたとえると、やっとひとり歩きができるようになった幼児が、何とかして大人に褒められたいと思い、一生懸命になっている時期です。目の前にあることに全力投球し、それを周りの大人たちが感心するとつい嬉しくなって、また別のことに必死で取り組もうとします。やんちゃ盛りの子どもに「もっと先のことまで考えろ」と言っても無理な話です。

あなたにとっては今がすべてなので、何が何でも今できることに全力投球して、結果を出そうと努力します。前人未到《みとう》の分野に、溢れる意欲と行動力で立ち向かい、人生を切り拓いていきます。物事をシンプルにして突き進む「シンプル・イズ・ベスト」な生き方といえるでしょう。

人はあなたをどう見ているか

一緒にいると、面白くて楽しい人です。堅苦しい雰囲気が苦手なので、フランクな付き合いを求めてきます。周りを楽しませようとする振る舞いが、気持ちは真面目なのに「ふざけている」と誤解されることもあります。

じっとしているのが嫌いなタイプなので、いつもバタバタとして落ち着きがないと思われています。

ポイントを絞るのがうまく、シンプルに結論のみを言う傾向があります。他の人がオブラートに包んで言うようなこともズバッと発言するので、がさつで無神経な人に見られてしまうこともあります。

白黒はっきりつけたがるところが「なんとなく」のその場の空気感を無視しているような印象を与えます。何事にも全力投球なのはよいのですが、負けず嫌いですぐにムキになるところは、子どもっぽく映ります。

最強になるための長所の伸ばし方

何でもゲーム感覚で楽しめるのが最大の強みです。

いつも物事をどうやったら楽しめるか、楽しめなかったら損だと考えています。その感覚を活かして、あらゆることにゲーム性を見出すことができれば、それが成功への近道です。

一生懸命に「今」を生きるタイプですから、それを仕事に活かさない手はありません。楽しめるような仕事を見つけることや、今取り組んでいるプロジェクトにやりがいを見出すことが大切です。熱しやすく冷めやすい面もありますので、いかに興味を継続できるかが、カギとなります。

一度成功パターンを生んだらずっとそのやり方で展開することができます。それさえ見つけることができたら、持ち前の頭の回転の速さを活かして、短期間で成果を上げることができるでしょう。

特に気をつけるべきポイント

早合点や早とちりをしがちです。人の話は最後までよく聞きましょう。ポイントを絞るのは得意なタイプですが、方向性がずれていないか今一度周りの人に確認することも大切です。

典型的な短期決戦派で、理念や長期目標をもつことが苦手なので、すぐに結果に走りたがる傾向があります。突き進む前に客観的に判断することが必要です。

あれこれ考えてモチベーションが下がるのであれば、それを得意とする人にまかせて、サポートしてもらえるようにしましょう。周りとよき信頼関係を築くことができれば、能力を存分に発揮できます。

どんなことでも器用にこなせるタイプですが、うまくいかなくても強引に進めてしまうので、注意が必要です。実利的なことに興味があるので、金銭的な話に乗りやすいのですが、安物買いの銭失いにならないようにしましょう。慌てず冷静に、今の自分に本当に必要なものかを判断することが大事です。

評価の上げ方

損得で物事を考えるので、お互いが得をするギブ・アンド・テイクの要素がないと、なかなかやる気が出ません。

そのシビアに見える側面も、そもそもは「相手に喜んでもらって褒められたい」という無邪気なサービス精神からきています。それをマイナスに捉えられたら損というものです。時には損得勘定はさておき、まずは相手の喜ぶ顔を思い浮かべて、見返りを求めない行動をしてみましょう。感謝は後からついてきます。

相手の要求にテキパキと応え、全力投球で問題を解決するあなたの姿に感動しない人はいません。その仕事ぶりは評判を呼び、自《おの》ずと周りから引き立てられるはずです。

素早く機転を利かせて、物事に突き進む能力には長けているのですが、他人の考えを推測することは不得手《ふえて》です。白黒はっきりした性格なので、優柔不断な指示をされると、自分ひとりで判断することができないのです。人の気持ちを察することを覚えたら、あなたの評価は上がります。

一方、相手に対しては、即断即決を求めてしまうところがあります。しかし、誰もがあなたのように、即座に明確な意思決定ができるわけではありません。相手の曖昧な態度に腹を立てる前に、その人の真意を汲み取ろうとすることが大切です。そうした姿勢を見せるだけで、周りの評価が変わります。

物事のポイントだけを捉えてシンプルに突き進むのが長所ではありますが、ポンと要点だけ言ってもやや乱暴な印象が残ります。相手の気持ちに寄り添い、丁寧な対応を心がければ、素晴らしいムードメーカーとなってグループ全体を盛り上げることでしょう。

あなたは人をどう評価するか

「シンプル・イズ・ベスト」がモットー。報告はいかに簡潔に整理されているかを重視します。格好よく専門用語や横文字を並べて、流暢《りゅうちょう》にプレゼンテーションをされても、心の中では「もっとわかりやすい日本語でお願いします」と言っている。つまり物事をわかりやすく理解させてくれる人を重んじます。

プロセスよりも、結論から話を進めてもらうことが重要です。最終的にはメリットを強調して決断を迫られれば、すぐにイエスと答えてしまうでしょう。

優柔不断な態度が許せない性格なので、自分の質問に対して、前置きや理屈を長々と話す人を好みません。返事は即答。その場で白黒はっきり言える判断力を求めます。

自分にどれだけ時間を使ってくれているか、集中してくれているかが評価の対象になります。「あなたのことを最優先しています」とアピールされると弱い。

また、一生懸命に頑張る人を応援します。結果重視ではありますが、適当にやって結果を出す人よりも、真剣にやって結果が出なかった人をかわいく思うのが、猿タイプの人情といえるでしょう。

相手のことは目を見て判断します。話をする時に、自信なさげに目を伏《ふ》せる人や目をキョロキョロさせる人は信用しません。書類や物を渡す時には、目を見てきちんと手渡してもらうことが原則です。

ずっと見つめ続ける必要などはありませんが、大事なポイントでは、あなたは自分の目をしっかりと見ながら話をする人に信頼を寄せます。

第4章

チータ

最強の自分のつくり方

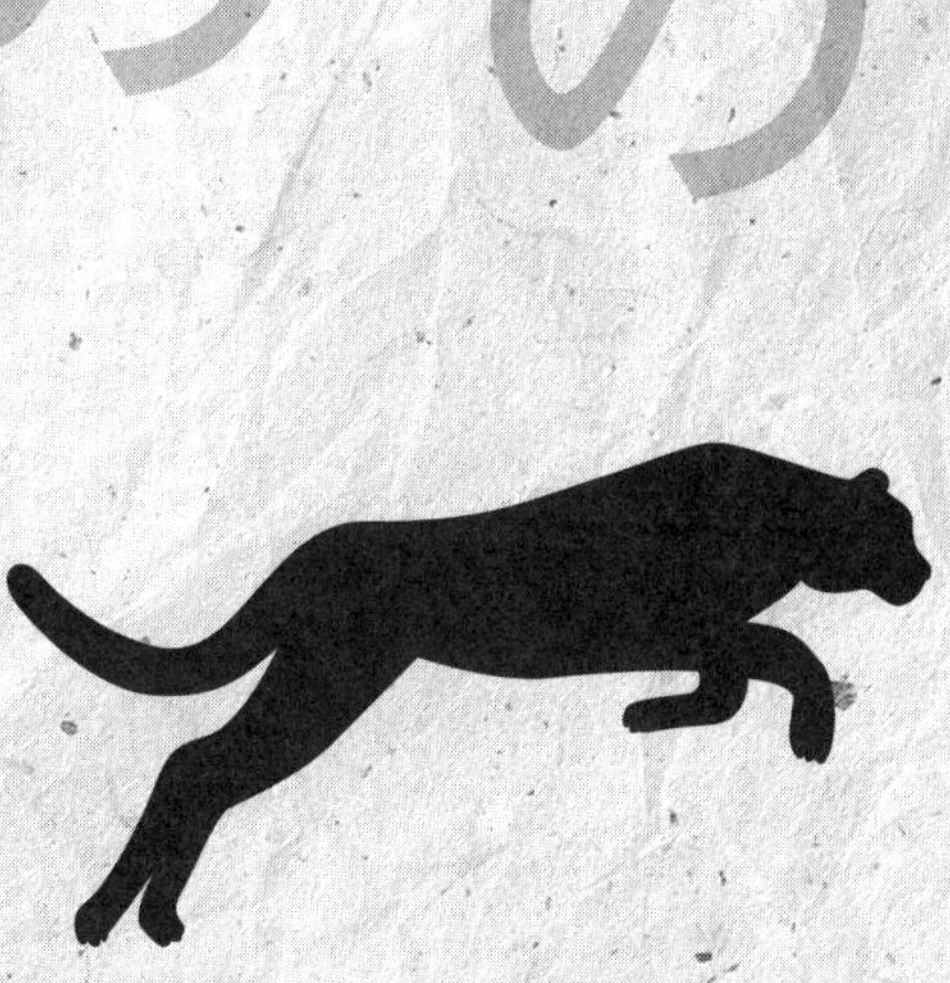

チーター

七転び八起きのチャレンジ精神の持ち主

あなたの キーワード

大物　エネルギッシュ　速攻　スーパースター　世界規模

あなたの 特徴

- 成功願望は人一倍
- 好奇心が極めて強い
- 瞬発力はあるが長期戦は苦手
- チャレンジ精神旺盛
- 欲しいと思ったらすぐ手に入れたい
- プライドが高い
- 勘が鋭く理解が早い
- いつでも主人公でいたい
- 超プラス思考
- お人好《よ》しで安請《う》け合いをしがち
- 負けず嫌いで一途な性格
- スケールの大きい話が好き

チータタイプの著名人

石田ゆり子（女優）、カルロス・ゴーン（日産自動車社長兼最高経営責任者）、田中角栄（政治家／元首相）、内藤裕紀（ドリコム代表取締役）、益本康男（クボタ元会長）、三木谷浩史（楽天創業者）、山内溥（任天堂元代表取締役社長）

あなたの性格・基本的なこと

チータタイプは失敗を失敗と思わない超プラス思考の人です。成功願望が強く、本気になった時のエネルギーは誰にも負けません。

瞬発力は著《いちじる》しいものがあります。ただ、そのエネルギーは持続力がなく長続きしません。やると決めると行動まではとても早いのですが、ダメとわかった時のあきらめも人一倍早いのです。

頭の切り替えも早く、新たな目標を見つけると全力を注ぎます。なかなかめげませんし、過去を引きずりません。

また、終わったことにはまったく興味がないので、中途半端で終わらせてほったらかしの状態になることも多々あります。

好奇心もとても強く、今まで無縁だった分野に突然足を踏み入れたりします。当然本人も予定外のことですが、その場その場の気分で、考えていることがコロコロ変わるのもチータタイプの特徴です。

思いつき、思い込みが強くプラス思考なので、何でも都合よく物事を解釈し、人から聞いた話なども自分が体験したかのように、自信満々で他人に話したりします。早とちりは日常茶飯事《さはんじ》です。

要領がよく面倒なことは極力避け、手っ取り早く物事を解決しようとします。

好奇心に溢れた行動派

好奇心いっぱいで、何事に対しても勇ましく挑《いど》んでいく姿勢が特徴的です。自分に限りない可能性を感じながら人生に体当たりしていく行動派といえるでしょう。希望に溢れ、大志に満ちた若々しい情熱と、こうと決めたら一直線に突っ走る純粋さが魅力です。

時には無鉄砲と見られることもありますが、決して現実を無視しているわけではなく、実に合理的な方法論の下に行動しているのです。

ただ、あまりにも頭の回転が速く、結論づけが素早いために、周囲から見れば直感に頼った危なっかしい行動と思われるかもしれません。

実際には曖昧さを嫌い、必然性を求めるタイプなので、不安材料を片っ端から消去していき、理屈と計算に合ったことしか行動に移しません。そうした分析や推察に自信があるためか、自分のやり方に口出しされることを嫌います。

ただし、守りより攻めに徹した行動パターンをくずされると、相手の出方が読めないタイプだけに、急に元気がなくなる弱さがあります。

もともと面倒見がよく、頼まれれば二つ返事で引き受けてしまうようなお人好しなので、人のいい人、自分の味方と判断した人としか付き合いたがりません。実に率直で一本気な性分であるだけに、歯に衣着《きぬ》せぬ言葉から損をすることも度々あります。

未来に向かって日々邁進《まいしん》

迷いなくひとつのことに没頭し、情熱を傾けている時には、持ち前の行動力が活きてくるのですが、ただなんとなくその日暮らしをしていると、単に一貫性に欠けた落ち着きのなさで終わってしまいます。自分に自信をつけるためにも、いつもしっかりとした目標を掲げ、それに向かって日々邁進することがよい結果を生みます。

誰も手がけていない分野に挑み続けることに生きがいを感じるタイプですから、持ち前の好奇心を大いに発揮して、いろいろなことに体当たりしていくべきです。その対象がはっきりしないと、意外とくよくよ悩んだり迷ったりするので、本来の頭のキレを存分に使うことができません。

幸いにして、失敗を恐れない度胸とファイトをもち合わせているので、あれこれ方法を変えてはトライしてみることが自分らしく感じるでしょう。

速攻が勝負のポイント

いつでも攻め手の立場であることがポイントです。負けず嫌いの性分も手伝ってか、得意の速攻で押しまくっている間は、自分の思うやり方で本領を発揮することができます。

しかし反転して受け身や守りの状況になったなら、すっかり自信をなくしてしまい、必要以上にやり込められてしまう弱さがあります。常に速攻をしかける戦略で臨《のぞ》まなければ自分の能力は発揮できないと自覚すべきです。

あれこれ規制が多かったり、堅苦しい方針があったりすると、すっかりやる気がなくなって、行動力もシャープな頭脳も死んでしまいます。

まず、自分のやりたいことを存分にやれる環境を見つけることが先決。そこで初めて即断即行の才能が活きてきます。

筋道を立てて素早く結論づける能力

いくつかのヒントからあっという間に結論を導き出すようなキレ者ですが、このタイプは勘に頼っているわけではありません。瞬時に筋道を組み立てて、計算を重ねて結論をはじき出すのです。コンピュータのような頭脳の持ち主であり、その洞察力は合理的かつ論理的なものです。

それだけに損得には敏感で、数字に対する計算能力は抜きん出たものがあります。時として早合点することはあるものの、無駄なものから省いていく消去法で物事を考えるために、周りから見れば、話す側から素早く結論づけができるように感じるのです。

それは物事の白黒をきっぱりつける毅然《きぜん》とした態度となって表れます。好きか嫌いか、イエスかノーかを自他ともに明確化することを求めているため、態度や言動の曖昧な人に対しては必要以上にイライラします。

反対に融通性や妥協性を求められたとしても、自分の思考方法を変えようとするのは無理というもので、勘や柔軟さの乏しさを嘆く必要はありません。役割分担がわかれば自分の力を出せる場所が必ず見つけられます。

常に挑戦の精神

守りに弱いものの、途中であきらめることはしません。やられたままでは黙っていない闘争心があり、「やられたらやり返す」をモットーに立ち向かっていきます。

難題であればあるほど意欲を燃やして頑張るし、しぶとい根性もあります。そうした負けん気の強さが、行動力のエネルギーになっているのです。

環境的に厳しい状況にあっても意志を強くもち、くじけずにやり遂げる方向で考えることができるのが最大の長所といえるでしょう。

素直さが一番

もちろん答えが明白なことや、立場的に自分が聞き入れる必要性がある場合には、潔くあきらめて従順にもなれます。この素直さがチータタイプの成功に大きく影響してくる点です。

自分のもち合わせていない先見力を補《おぎな》うために、いかにして従うべき人に信じてついていけるかがポイントです。理屈と努力で克服できない部分をあきらめ、自然の流れにまかせられるようになれば本物として認められるでしょう。

あなたの 本質

チータのキャラクターを人間の一生にたとえると、この世の中のすべてに興味津々《しんしん》で、好奇心でいっぱいの、はつらつとした少年少女期です。

「少年よ、大志を抱け」の精神で、いろんなことにチャレンジしたくてウズウズしています。自分は何でもできるような気がして、夢と希望に溢れているのです。

やりたいことがいっぱいあるから、じっとなんてしていられません。冒険心が旺盛で、誰も知らない未知の世界には、恐いもの見たさもあって余計にやる気が湧いてきます。宝の地図を片手に得意の推理を働かせ、無理難題に挑戦していくのが大好きなのです。

いつでも夢や希望に向かって自己成長を遂げること、好奇心旺盛に何にでもチャレンジすることに喜びを感じます。そのパワフルな生き方は、周りの人に勇気と元気を与えます。

人はあなたをどう見ているか

いつも何かを追いかけていてじっとしていない性格なので、周りからすると一貫性がなく何を考えているかわからない人に見えます。ビジネスも多角化経営型で、何を本業にしているのか、疑問に思われているかもしれません。

常に好奇心旺盛でパワーに溢れた人。超プラス思考でマイナスのことを口にすると嫌な顔をしますが、前向きな企画にはすぐに応じてくれるノリのよさがあります。

思い立ったらすぐ行動のタイプなので、周囲はスピードについていけず戸惑うこともあるでしょう。少年少女のように一途で純粋に夢を追い求める姿は見ていて飽きません。

他人に遠慮しないで、「好きなものは好き、嫌なものは嫌」とはっきり言うところは、傍《はた》から見て爽快感があります。この人ならあらゆることが実現できるのではないかという可能性を感じさせます。

最強になるための長所の伸ばし方

常にやりたいことがたくさんあり、いろいろなことを同時に展開したがる傾向がありま す。物事をパワフルにこなしていくので、何でもある程度のレベルまでは習得できますが、あまりに手を広げすぎると、何事も中途半端に終わってしまう可能性があります。

好奇心の赴《おもむ》くままに行動しているうちに、本来の目的を見失ってしまってはもったいない。目標に対して明確なコンセプトをもつことが重要です。何か核となるものを決めて、一定の結果を出すまでは、脇目を振らずにそのことに集中しましょう。

もともとエネルギッシュで展開力もあるのですから、目標を絞り込めば向かうところ敵なしです。持ち前のずば抜けた行動力を活かして、一気に成功への道を突き進みましょう。

特に気をつけるべきポイント

一度やりたいと思ったことには、攻めの一手で押しまくりたい。最悪の事態を考えてからのチャレンジなどできない性分です。好奇心を抑えることができず、あれもこれもと、いろいろなことに手を出してしまいたくなります。

そうなると周囲はついていけなくなって、孤軍奮闘《こぐんふんとう》になるので注意しましょう。アクセルを踏みっぱなしにするのではなく、時にはブレーキをかけることも大切です。周囲の忠告をネガティブな発言と決め込まずに、見直しや確認の参考にしてみると、成功への意外なヒントが隠されているかもしれません。

熱しやすく冷めやすいので、目標を達成する前に目新しいことに挑戦したくなる傾向があります。新しいことに手を出す前に、まずは目の前の課題を最後までやり遂げるには何が必要なのかをじっくり考え、ひとつずつクリアしていくことに注力しましょう。分散したエネルギーが集中した時には、とてつもない可能性が秘められています。

評価の上げ方

もともとの人のよさから、頼まれ事をされるとつい二つ返事で引き受けてしまう傾向があります。今の仕事の量や時間配分も考えず、軽はずみに請け負うので、どうしてもオーバーワークになってしまいがちです。プライドが高くネガティブな発言が苦手なチータタイプにとって、「できない」と言うことは難しいのかもしれません。

しかしその安請け合いが、納期の遅れやダブルブッキングを引き起こし、かえって相手に迷惑をかけてしまう結果にもなりかねません。独りよがりに何とかやり切ろうと突っ走っても、一緒に行動する仲間は疲弊《ひへい》してしまい、あなたから離れていってしまいます。きちんと「断る」ことを覚えて、余裕をもった時間の使い方をすることが大切です。そうすることが、社外はもとより社内で評判を上げることにつながります。

負けず嫌いで失敗を失敗と考えない性格ですが、途中経過で素直に反省点を振り返って、適宜修正をしながらゴールまで到達しましょう。いつも前向きなのは結構ですが、反省する時間も惜しんでいると、いつも同じところでつまずいてしまいます。一つひとつ確実に成功を収めることで、周りからは「さすが」「すごい人」と一目置かれるはずです。

思い込みや早合点も少なくなく、先入観で物事を捉えてしまうことも多々あります。思っているイメージと違うと、感情的になって相手を責めてしまうことも少なくありません。そんな時は少しペースを落として筋道立てて考えれば、自ずと答えが見えてくるでしょう。

このタイプは頭の回転が速く、スピーディに物事を結論づけるのですが、他の人にも同じことを求めるのは無理というものです。相手の気持ちになって物事を考える習慣を身につけたら、あなたを支持する人が増えます。

あなたは人をどう評価するか

待たされることが大嫌いなので、相手にも迅速《じんそく》な対応を求めます。チータタイプにとっては、レスポンスが速いことが何よりも大切なことなのです。

だらだらした態度を取られるとイライラします。時間をかけて確実な仕事をするよりも、多少大ざっぱでもスピーディな仕事をしてくれる人を求めます。

ただ黙々と仕事をしてくれる存在は印象に残りません。あなたの前では謙虚《けんきょ》さは美徳ではないのです。ちゃんと自己アピールされることで、「きちんと仕事をやっている人」と認識します。

ネガティブな空気を嫌います。他人の悪口や文句を言う人を信用できません。悩みや相談事をもちかけられるのも苦手なので、問題があってもそれぞれで解決してほしいと思っています。自分で解決策を準備できる人を高く評価します。

いつも場の中心でありたい願望が強いので、脇役に甘んじることはプライドが許しません。

他人に指示されることを好まず、自分のやりたいことだけを貫こうとします。これからやろうとしていることに口を挟まれると、反対されたと思って聞き入れようとしません。問題点を指摘するというよりも、あなたのよさを認めつつ、他によりよいアイデアがあるともちかけると素直に受け入れます。ポジティブな形で話を進めれば、相手の話を聞こうとする姿勢になるのです。

物事の旬や鮮度を重要視します。以前見かけたようなプランには見向きもしないので、新しい提案をする時には、表紙のデザインから印象を変える工夫が必要です。新鮮でインパクトのある企画を歓迎します。

最強の自分のつくり方

第5章 黒ひょう

黒ひょう

新時代を先取るリーダー

あなたの キーワード

流行　センスのある　最先端　クール　洗練された

あなたの 特徴

- 人前で恥をかきたくない
- スマートにリーダーシップを取りたい
- 話題の中心でいたい
- 新しいものが好き
- いつも気にかけてほしい
- 生涯現役がモットー
- 意外とナイーブな性格
- 強気に攻めるが、あきらめは早い
- 正義感が強い
- 対話の場を大事にする
- スタートダッシュがすべて
- 流行に敏感

黒ひょうタイプの著名人

スティーブ・ジョブズ（アップル社共同設立者）、田原総一朗（ジャーナリスト）、ビル・ゲイツ（マイクロソフト社共同創業者）、福地茂雄（アサヒビール社長、会長、相談役を歴任）、矢沢永吉（ロックミュージシャン）、柳井正（ファーストリテイリング代表取締役会長兼社長）

あなたの性格・基本的なこと

黒ひょうタイプは新しいものが好きで、いつも最先端の情報を収集しようと努力します。昨日より今日、今日より明日とさらに新しいものを追い求める行動が、周りからは飽き性と思われがちですが、この人にとっては知らないことがストレスなのです。

プライドが高く、自分のメンツや立場をとても気にします。人前でミスすることや恥をかくことをもっとも嫌い、周囲から見て自分がどのように映っているかが非常に気になる人です。

人をまとめることが好きで、自らリーダー役を買って出ます。いつも話題の中心にいたいので、気がつけば自分の話ばかりということも少なくありません。ついつい主語が自分になってしまうのも特徴です。

格好いいか悪いかが物事の判断基準であり、環境やシチュエーションに酔うこともしばしばあります。人から気を遣われることも好きで、もち上げられるととても喜びます。

「隠居」や「引退」といった考えはなく「生涯現役」が黒ひょうタイプのスタンスです。先見的な考えをもっており、「時代を先取る」ことが何よりもステータスとなります。

常に時代の一歩先をリード

これからは何が流行《はや》るのか、何が主流になっていくのか、といったその時点で常に新しいものを取り入れるセンスに優れています。これは理屈でわかるものではなく、感覚的でシャープな勘を働かせて生み出されるものです。

日々新しい刺激のある世界でこそ、その才能は発揮され、より磨かれていきます。できるだけサイクルの短いものを追いかけていくつもりで、情報や知識の収集に努めるのがベストです。周囲を一歩も二歩もリードした形で、スムーズに自分のペースをつくることができるからです。

それがエリートとしてのひとつの確信となり、自信になっていくことでしょう。時代を先取りして生きる実感があれば、毎日が新鮮になり、生きがいを感じることができるはずです。

スマートにリーダーシップを取る

誰にでもフランクで気の置けない付き合いを望む、オープンな性格です。いつでも周りと協調し、お互いを認め合いながら和気あいあいと生活することをモットーとしています。

誰でも少しくらいの不満はあるものですが、そこは譲り合い、我慢し合って対立を避けようとするので、人付き合いはいたって円満です。話し合いで自分のペースをつくりながら、スムーズに周りから引き立てられる立場になることを望んでいます。

万が一、顔に泥を塗られるようなことがあると烈火《れっか》の如《ごと》く怒ります。人前でみっともない自分をさらすことはプライドが許さないのと同時に、信用を失うことにつながると思っているからです。

また、新しいものに対する感覚が柔軟で、伝統やしきたりに固執することもなく、新風を求めて走り続けるタイプです。

いつまでもフレッシュなセンスに敏感でいたいので、自分を磨くことも忘れません。時代を先取りしながら生きることに喜びを感じるのです。その感覚は論理的に説明できるものではなく、天性のひらめきがヒントになっているようです。

スタートが肝心

幸先《さいさき》が悪いとすっかり弱気になり、くじけてしまう悪い癖があります。それもそのはず、最初にリードしてしまえば、後は余裕の波に乗っていけるからです。

そのため、スタート時には全力投球で臨まねばなりません。そういう自分の性格をしっかりと自覚しておくべきです。一歩でも遅れると、後のやる気に大きく響き、下手をすると落ちこぼれてしまうことにもなりかねません。

特に競争社会にあっては競《せ》り勝つよりもスマートにリードして勝ちたいタイプですから、「始めよければすべてよし」という自分のやり方を早く身につけるべきでしょう。

トラブルは早期解決がモットー

ピンチがトラブルになってしまうと、パニックになってしまうタイプです。後はできるだけ早く切り上げて関わりたくないというのが本音です。

自分で処理できる問題ではないことは、客観的な意見の持ち主に相談すべきです。逃げ腰になってしまうと早期解決に支障をきたすので、できないことは自分で考えないことがよい結果につながります。

実力発揮はまずリラックスから

極度の緊張感は苦手です。

黒ひょうタイプは、外の世界で活躍するだけでもかなり神経を張り詰め、周りに配慮を行き届かせてしまいます。そのせいか家に帰ると緊張の糸が緩《ゆる》み、仏頂面《ぶっちょうづら》になってしまう内面《うちづら》の悪さをもっていることが多いのです。

堅苦しい状況や時間制限などで自由を奪われた場合も、驚くほど萎縮してしまいます。いきなり話を振られると、しどろもどろになってしまうのです。

自分の才能や感性を発揮しようと思うならば、できるだけのびのびした環境を手に入れることを考えるのが得策でしょう。何事も初めてで合点がいかないから緊張するのであって、要領さえつかんでしまえば、後はこっちのものです。何の心配もなく自分のペースをつくることができるはずです。

ピンチの時はじっと我慢

ピンチには弱い。これは仕方のない事実です。追い詰められると、どうしたらいいのかわからなくなり、せっぱ詰まって行き当たりばったりの対処をしてしまいます。

何事もスムーズにサラリとかわしてきたタイプであるだけに、腰を据えて急場に立ち向かう訓練ができていません。恥をかくくらいなら……とその場しのぎの処理をしようとします。こうなると後々厄介《やっかい》な問題を引き起こしかねません。

感情に走るとセンシティブなもろさが露呈《ろてい》するので、いつものように平静な気持ちを保つように心がけることが肝心。「慌てる乞食《こじき》は貰《もら》いが少ない」といわれるように、もう少しの我慢で解決策がポンと出てくることが多いのです。焦らずじっと好機を待ちましょう。

話のキレがポイント

みんなの気持ちをひとつにしようと一生懸命に説明し、何とか公平に意を汲もうとする努力をしますが、時には話が過ぎて口が禍《わざわい》の元になることがあります。

根が開放的であるだけに、話し始めるとブレーキがききません。熱が入って自分でも知らないうちに余計なことを口にしてしまうことがあるので、周りの同意が得られたらさっと話を切り上げることが嫌われないコツでしょう。

あなたの本質

黒ひょうのキャラクターを人間の一生にたとえると、青春まっただ中の若者です。いつもエネルギッシュに上を向いて進んでいく前向きな姿勢と、思春期特有の傷つきやすさ、センシティブなもろさの両面をもつタイプです。

早く大人になりたい、背伸びしたい願望は強くあるのですが、ひとりではなかなか勇気が出ないので、グループをつくって、まだ見ぬ世界に挑戦していくような感じです。

もちろん流行には敏感で、人に遅れまいと必死になって追いかけます。人に先がけて新しいものを取り入れれば、みんなが注目してうらやましがられるし、何よりも格好いい。そんなスマートな自分に憧れています。

周りより一歩リードして新しい情報を取り入れることや、誰もやったことのないことに着手することに生きがいを感じます。スマートにリーダーシップを取るタイプ。時代の先駆者《せんくしゃ》です。

人はあなたをどう見ているか

時代の先取りは得意なのですが、せっかくキャッチした新しい情報も、そのまま人に投げて終わってしまうことも少なくありません。黒ひょうタイプの斬新《ざんしん》なビジョンは普通の人には伝わりづらく、フォローも不十分なため、時には自分勝手な人物と思われるようです。

常に新しいものを取り入れて、流行に敏感なおしゃれな人に見られています。それが飽きっぽく移り気な性格に映ることもままあります。

自分のことが大好きで、いつも話題の中心になりたがります。ぞんざいに扱われたり、話を聞いてもらえなかったりすると機嫌が悪くなるので、周りは気を遣わなければなりません。

いつもエネルギッシュで前向きな姿が、自分を引っ張ってくれる頼もしきリーダーに映ります。そうかと思えば、ちょっとしたことにも傷つきやすいナイーブな一面もあります。

最強になるための長所の伸ばし方

目標には一直線に努力しますが、飽きっぽいのが玉にきずです。常に新しいアレンジを加えて、飽きない状態をキープしましょう。

たとえば、最新号のファッション誌や情報誌を欠かさず読んだり、毎回違うメンバーと食事をして新しい話題を取り入れたりすることで、常に自分を時代の先端に位置づけることが大切です。それを怠《おこた》ってしまうと、黒ひょうタイプらしいフレッシュな輝きを失ってしまいます。

自分の環境と精神状態を整えることが、モチベーションを上げる方法であり、目標を達成する近道です。あなたがインプットした新しい情報を、たくさんの人の前でアウトプットする機会をつくるのもいいかもしれません。よい意味でプレッシャーになり、やる気が湧いてくるでしょう。

特に気をつけるべきポイント

自分の信念を押し通そうと強引になってしまうところがあるので、時には妥協《だきょう》することや、押し引きのテクニックを学びましょう。何でも自分のペースにもっていきたい気持ちを抑えられるかどうかが、他人から見て「頼もしい人」と映るか、「仕切り屋」と見なされるかの分かれ道です。

他人の話にはあまり興味がなく、自分の話ばかりを長々とする傾向があります。それでは聞くほうも辟易《へきえき》してしまうので、適当なところで話を切り上げましょう。相手の話にも少しは耳を傾ける努力が必要です。

スタートを間違えるとくじけてしまうのが悪い癖です。何事もやると決めたら中途半端は禁物です。たとえばジョギングを始めるにしても、流行のシューズやウェアなど、あらゆるものを揃えてから臨むべきです。形から入るタイプですから、先行投資をケチると長続きしません。最初に備えがあれば憂《うれ》いなし。猛ダッシュでスタートを切り、ゴールまで一気に駆け抜けましょう。

評価の上げ方

メンツやプライド、立場に重きを置くので、多少自分に非があっても認めたがりません。自分が相手にどう映っているかをいつも気にするため、問題があっても隠してしまうのです。

かといって、ピンチには弱いタイプなのでひとりで乗り切ろうとしても無理というものです。「弱みを見せるなんてみっともない」などと思わずに、ありのままの自分を見せましょう。あなたの困っている姿を見て大勢の人が共感し、協力してくれるに違いありません。

格好つけて何もかも自分で処理してしまおうと思わないことです。途中でくじけてしまいそうになった時には、フォローしてくれる人を見つけて、素直に気持ちを打ち明けましょう。

そのためには日頃から自分の主張ばかりをするのではなく、相手の意見にも耳を傾ける努力が必要です。もともと情が深く人間関係を大切にする性格ですから、信頼関係を築ければ、喜んであなたに尽力してくれる人も多いはずです。

予期せぬことが降りかかってくると、とたんにパニックになります。臨《りん》機《き》応変《おうへん》に対応できないタイプなので、物事にはあらかじめ段取りをつけておくことが大切です。

先行逃げ切り型ですが、果たして途中で息切れせずに最後までやり抜くことができるのか、しっかりと目標を見定めてから、スタートダッシュしてください。中途半端に投げ出さないかどうかが、あなたが真のリーダーとして支持されるかどうかの分かれ道です。

スマートに勝利を収めれば、時代の先駆者として評価が上がるでしょう。

あなたは人をどう評価するか

いつでもスマートに振る舞いたいので、その場に相応《ふさわ》しいファッションやそつのない挨《あい》拶《さつ》をすることを大切にします。場の空気を乱すような強引な人を嫌います。

仕事は内容そのものよりも、丁寧な言葉遣いができるかどうかがポイントです。初対面でぞんざいな言い方をされると頭にきます。

露骨《ろこつ》な商売よりもスマートなビジネスの世界を好みます。露骨にお金の話をするようなえげつない人は苦手なのです。

大切なことを立ち話で済まされると我慢ができません。人前で余計なことを言われたくないし、流れで話をしたくないのです。

段取りを大事にするので、急に呼びつけられるなど、もってのほかです。わざわざ時間を取ってコミュニケーションの場をもつことに価値を見出します。

きちんと対話ができない人は苦手です。主語述語を明確にし、短い中にも凝縮した内容で話ができる人を高く評価します。

相手のフォローは苦手なので、まずはあなたの話を聞いてほしいと思っています。自分の話に対しては、イエスマンを求めます。

時代を先取りすることに喜びを感じます。新しいものが好きなので、情報交換の場や異業種交流会に目がありません。人脈と情報をもっている人に一目置きます。自分自身も人に引き立てられて出世するタイプですから、人を紹介されることや、新しい情報を得ることが何よりも嬉しいのです。

情報は鮮度が命なので、古いデータや資料を嫌います。新しい発展性、発見性のある提案を喜んで受け入れます。

第6章 ライオン

ライオン

権《けん》威《い》を重んじる完全主義者

あなたの キーワード

完全無欠　絶対　信頼性　社会的地位　プライド　威信《いしん》

あなたの 特徴

- やるからには徹底的に
- その道のプロを目指す
- プライドが高い完璧主義者
- 自分にも他人にも厳しい
- 他人の細かいところに気がつく
- 言ったことをよく覚えている
- 礼儀礼節を重んじる
- 世間体《せけんてい》を気にする
- 決して弱音を吐かない
- 言わなくてもわかってほしい
- 話が大げさで漠然としている
- 外では厳しいが家では甘えん坊

ライオンタイプの著名人

井上雅博（ヤフー元代表取締役社長）、小泉純一郎（政治家／元首相）、桜井正光（リコー代表取締役会長）、孫正義（ソフトバンクグループ創業者）、浜田雅功・松本人志（ダウンタウン）、渡邉美樹（実業家／政治家）

あなたの 性格・基本的なこと

ライオンタイプは自分にも他人にも厳しい人、何でもやると決めたら徹底的に意志を貫き通す完璧主義者です。自分のみならず他人にも完璧を求めてしまいます。自分ができることは当然、誰にでもできるという発想なのです。

めったに人を褒めることはありません。またプライドも人一倍高く、肩書きや権威に執《しゅう》着《ちゃく》しているので、序列にはうるさく、人に謝ることもなかなかできません。世間体を過剰なほど気にするので、隙《すき》のないように努力しますが、家の中と外とでの身の振る舞いがまったく違います。

基本的には自己中心的で頑固なので、人の意見を聞き入れないワンマンプレイヤーでもあります。しかし、肩書きをもった人の話は素直に聞き入れます。人前ではめったに弱音を吐くことはありませんが、心を許した相手には愚痴《ぐち》や弱音を吐いてしまいます。「すごい」「絶対」が口癖で、かなりのオーバートークをしがちです。特別扱いをされることが好きなので、優遇を受けることや、褒め殺しに弱い一面もあります。

秩序を重んじる常識派

謙虚で礼儀正しい態度を取りながらも、どことなく気を許さない堅苦しさが感じられます。というのも本質的に「常に間違いのない自分でありたい」という信念があるからです。

それと同時に「自分の弱みを他人には知られたくない」という意地ももっているので、どんな状況に置かれても絶対に弱音を吐かない忍耐の人といえます。ただ頑固一徹かと思えば褒め言葉に弱く、照れながらもついつい乗せられてしまうかわいらしい一面ももっています。

社交の場では謙虚な姿勢をくずさない控えめなタイプですが、内実は自分の絶対性を誇示《こじ》したいため、自他ともに厳しく、何事にも曖昧さを残さない完全主義者です。一度決めたことは辛抱《しんぼう》強くやり遂げるし、気に入らなければ最初からやり直すくらいきっちりしています。

ただ、自分の失敗を素直に認められない悪い癖があって、頭を下げて謝るのが苦手なことから、何とか周りに知られないうちに自分で片づけようとつい無理をしてしまいます。

権威志向であるだけに、秩序や常識、上下関係を重んじ、頑固なほどけじめにうるさい。力関係でその上下を決めることも多く、上からの意見にも服従し、専門家やその道の大家《たいか》からは大きな影響を受けるのがこのタイプの特性です。

鍛錬《たんれん》は一流の道に通じる

人前で自分が常に絶対であるためには、影の努力が必要です。何事も鍛錬して初めて完璧に近づいていくのだから、そのために実に辛抱強く練習を重ねていきます。そうした努力や忍耐で道のりを切り拓いていくのがこのタイプの成功法です。

積み重ねた鍛錬の結果、その道を究めた人に対しては絶対的な敬意を払います。自分にはない専門知識や技術を身につけている相手に対しても同様に、驚くほど素直に従う面をもっています。組織における秩序、上下のけじめにうるさいのも、地位ある人はそれなりの努力を積んできたと認めているからなのです。

自分を正すために訓練を惜しまず、人目に触れないところで自己を厳しく鍛えることに抵抗なく取り組めるのがこのタイプです。下積みが長くても辛抱できるのは、権威ある自分になるためという信念があればこそなのです。

謙虚にしつつ要求を通す正攻法

その場に応じた融通性は期待できないものの、あらかじめ目的のある交渉事には独特の攻略法を講じることができます。

もともと単刀直入に本心を打ち明けるタイプではないため、常に謙遜《けんそん》して初めは希望の半分ほどしか相手に要求しません。そして遠慮しながら相手に反発を感じさせずに、本当の希望ラインまでアップしてしまうような駆け引きを心得ているのです。最終的に守るべきラインさえ割らなければ負けにならないのだから、海老《えび》で鯛《たい》を釣り上げるがごとく謙虚にして要求を通す戦術を駆使すればいいのです。

その逆もしかりで、力関係が下の相手に対しては、最初に鯛を要求してから、本来の海老のラインまで妥協してやるふりをすることもできます。両方とも最初から希望を通そうとすれば無理な場合でも、相手の心理を巧みに操《あやつ》って、「押してダメなら引いてみな」とばかりに交渉するのはもっとも得意なのです。

そのための説得力は抜群であり、言葉を選んで勝負するだけあって、謙虚に出つつも決して折れることはありません。後は相手が折れるのを待てばいいのです。

ただし、あくまでも正攻法の交渉事に限られます。本質的に臨機応変さに乏しいタイプだけに、予想さえしなかった相手の態度には対応し切れないからです。

やるべきことを完璧にやる姿勢

自分にまかされた仕事をきちんとやり、「あいつにまかせておけば安心だ」という信頼を勝ち取ることが肝要です。鍛錬を重ねることなく虚勢《きょせい》を張っていると、ミスを隠す要領ばかりがよくなって、せっかくの才能を失うことにもなりかねません。

完璧さを求める姿勢をなくすことなく、着実に実力をつけていく頼もしさ、一目置かれる将来性でポストを勝ち取っていくのがベストです。

自ら権威ある存在になれ

ネームバリューや社会的権威に価値基準を置いているだけに、本来は自分が権威ある存在として仰《あお》がれる立場にあることが目標なのです。

このタイプにとって肩書きはとても重要であり、平社員のうちはまだまだ本来の実力を発揮していません。できれば他人にお伺いを立てなくてもいい業種か、先生のような尊敬される職種に就《つ》くことです。

腰を低くしてお願いすることはこのタイプは絶対にやりたくない、プライドが許さないことなので、若い頃から大きな顔をしていられる地位を得たほうが安泰《あんたい》でしょう。

忍耐は美徳

自分が絶対であるためには、どんなに苦労しようと我慢しようと、決して弱音を吐きません。反対に、少しくらいのことで愚痴をこぼすような相手は軽蔑します。まだまだ人間として修行が足りないと思うからです。

むしろ、謙遜して自分の手の内を明かさないことを美徳と考えています。人知れぬ忍耐があればこそ完璧に近づける、という厳しい信念をもっているからです。

それだけに、自分の苦労を察してくれる人に対しては弱い。当然のこととは思いつつも、その部分を褒められると、照れながらもどうしようもなく嬉しくなってしまうのです。

このタイプにとって、家庭の円満は必要不可欠なことといえるでしょう。外柔内剛《がいじゅうないごう》のさらに内の部分である家庭では、唯一、気持ちを緩めて甘えられる場をつくっておくべきなのかもしれません。

あなたの本質

ライオンのキャラクターを人間の一生にたとえると、社会的に年齢も実力も充実し、出世頭としてバリバリ仕事をしている部課長クラスです。中間管理職として、人を押し上げる能力を備えています。

早く偉くなりたい、権威ある役職に就きたいという意欲に溢れ、凛《りん》とした姿勢をくずすことはありません。出世を目前にしていれば当然、周囲の信頼と評価を得るために、妥協や中途半端は絶対に許さない厳しさをもっています。

生真面目なだけに、とっさの応用が利かないところはあるのですが、自分の仕事は能率よく完璧に仕上げるのが魅力です。

人や資本をつなぎ集約させ、コントロールする力があります。まだ認知されていない分野を市場に出し、チャンスを与えてくれるマーケッター。無から有を生み出すよりも、もともとある中途半端な市場を完成させて、世に送り出すプロデューサー気質を備えています。

人はあなたをどう見ているか

意見が途中で変わることがありますが、そのことを指摘しても決して認めようとしません。最初からそう考えていたと言い張ります。自分の過去の失敗や過ちも美談に書き換えて語るので、全容を知っている人はしらけます。

いつも絢爛豪華《けんらんごうか》な世界に憧れ、それに相応しい自分を演出しているせいか、派手《はで》で尊大なイメージをもたれています。地位のある人やその道を究めた人には一目置くのでよい関係が築けますが、目下の人間にとってライオンタイプは優しさを感じられない存在です。

礼儀礼節に厳しく、言葉遣いや接し方にもうるさいので、周りはとても気を遣います。反面、ＶＩＰ待遇や褒め言葉には弱く、素直に喜ぶので機嫌を取るのは簡単だと思われています。

言うことが大げさなので話半分に聞いておこうと受け止められています。なかなか本音を言わないので真意がわかりづらい人でもあります。

最強になるための長所の伸ばし方

何事も辛抱強く鍛錬を重ねて、理想とする「完璧」に自分を近づけたいと思っています。そのため自ら体験することを重視します。たとえ未知の分野であっても、一瞬でもその世界のすべてを把握《はあく》したいのです。

徹底した自己鍛錬はライオンタイプの使命ですから、その気持ちには素直になったほうがよいでしょう。

その場合、誰に教えてもらうかが重要です。中途半端な人に教えを乞《こ》うたのでは、あなたの完璧主義に応えることができません。多少お金をかけてでもその道の達人に師事し、一時的にでもいいので、その世界に没頭しましょう。

どれだけ自分を徹底的に追い込むことができたかによってその後が変わってきます。その努力があなたのカリスマ性を生み出し、憧れの檜舞台《ひのきぶたい》への階段を一歩一歩上がることになるのです。

特に気をつけるべきポイント

相手の礼儀礼節を厳しくチェックし、気に入らないところがあると、突然後先考えないでキレてしまいます。

あなたの厳しい要求に応えられる人はそうはいないと心得て、多少、無礼に振る舞う人がいても大きな心で受け止めるようにしましょう。カチンときても頭ごなしに叱りつけないようにすることです。

肩書きや権威に弱く、一目置いた相手には謙虚に振る舞いますが、立場の弱い人間を軽視する傾向にあります。それでは目下の人から支持を得られません。

権力を察知する能力があるので、何年も音信不通の知人が有名になったとたん、連絡を取るようなちゃっかりした一面もあります。そのようなあからさまな態度が、権力にへつらう調子のいい人物に映るかもしれません。

いつ誰がどんな形で脚光《きゃっこう》を浴びるかわかりません。軽視した相手が後々あなたの足を引っ張る可能性もあるのです。今ある立場だけで人を判断しないよう心がけましょう。

評価の上げ方

このタイプがリーダーになると、典型的なトップダウン型になりがちです。
あなたは自分の思いどおりに動いてくれる部下が欲しいかもしれませんが、振り回される立場になった人間は、たまったものではありません。それを続けていけば、あなたについていく人は一人、二人と消えていくことになります。

自分ができることは他の人もできるという観念を取り除きましょう。周りの意見を尊重することが大切です。何もかも自分で決めるのではなく、たまには他の人にまかせてみるのもいいかもしれません。

自分だけでなく他人にも厳しいところが、相手には敬遠されてしまいがちです。まずは話しかけやすい雰囲気をつくってみましょう。いつも自分が正しいと考えず、相手の話にも耳を傾ける努力が必要です。たとえ気に食わないことを言われたとしても、感情的にならないことです。

完璧主義なのは結構ですが、たまには肩の力を抜いてリラックスしてみてはいかがでしょう。隙を見せることで、あなたと周りとの距離感はぐっと縮まります。何でもガチガチに決め込まず、枠と幅を広げましょう。

せっかく鍛錬を重ねて自分を高めても、周りがついてこなければ何事も成し得ません。上ばかりに意識が集中してしまう傾向があるので、周囲のメンバーがついてきているか確認する心配りを身につけること。努力を積み重ねた完璧な仕事ぶりは認められているのですから、部下からの評判が上がれば、向かうところ敵なしです。

あなたは人をどう評価するか

礼儀礼節を重んじますので、挨拶やモラル、秩序をしっかり守ってくれる人を評価します。特に最初と最後が肝心なので、初めにきちんと挨拶をしてもらえれば、中間はくだけた雰囲気になっても気にしません。

反対に、いきなりタメ口をきいたり、なれなれしい態度で近づいたりする相手には、いくら途中でもち上げられても、いい顔をしません。

外では立派だと思われたいから、高圧的な態度を取られると反発してしまうのです。人前でけなされるとプライドを傷つけられるので、問題があってもやんわりと指摘してくれる人を好みます。特別扱いは大歓迎なので、「すごい」「偉い」ともち上げられると素直に喜びます。

意外と自分に自信がないタイプです。常に周りの評価や反応を気にします。物事の判断も、自分ひとりで決めるのは不安なので、周りに委《ゆだ》ねようとする気持ちが強いのです。今ひとつ魅力がないと思っていた人物でも、周りが高く評価すると、手のひらを返して褒めそやすような現金な面ももち合わせています。

プロ意識の高いあなたにとって「何でもできます」は、響かない言葉です。いろんなことを片手間にやるような人間は信用できないと考えています。

また、具体的に得意とすることを教えてもらえなければ、どんな仕事をまかせたらよいかも判断できません。きちんと得意分野をアピールされると、相手の印象が明確にインプットされ、要所要所で活用したり、必要な人に紹介したりする面倒見のよさを見せます。

べったりと依存されるのは嫌いですから、味方でありつつも、程よい距離感をもってくれる人を高く評価し、自立を手助けする優しさを見せます。

最強の自分のつくり方

第7章 虎

虎

バランス感覚をもつ自信家

あなたの キーワード

均衡《きんこう》　オールマイティ　地道　実直　納得　不屈の精神

あなたの 特徴

- 自由、平等、博愛主義
- 優れたバランス感覚の持ち主
- 何事にも動じない
- 一度決めたらとことんまで
- トータルバランスが大事
- 自分の生活圏を大切にする
- マイペースで基本に忠実
- 何でもそつなくこなす
- 面倒見のよい親分肌
- 笑いながらきつい一言
- 思い込みが激しい

虎タイプの著名人

哀川翔（俳優／タレント）、安藤百福（日清食品創業者）、ウォルト・ディズニー（実業家／ミッキーマウスの生みの親）、王貞治（元プロ野球監督）、橋本龍太郎（政治家・元首相）、藤田晋（サイバーエージェント代表取締役社長）、ロバート・キヨサキ（投資家／実業家）

あなたの性格・基本的なこと

虎タイプは威風堂々《いふうどうどう》とした雰囲気をもっており、何事にもあまり動じない悠然《ゆうぜん》とした人です。

意思決定は極めて遅く、全体像をしっかり把握し、あれやこれやと自分なりに調べて、納得しないと腰を上げないのが特徴です。即断即決・衝動買《しょうどうが》いなどはめったにしませんが、反面で深夜の通信販売番組やカタログ販売には目がありません。

誰に対しても平等な博愛主義者なので、人の好き嫌いはなく、肩書きや立場を気にせず、誰とでもうまく付き合うことができます。サービス精神も旺盛で面倒見がよいのですが、言葉遣いには厳しく、誠意が伝わらない発言や行動には腹を立てます。

お世辞やおだては一切通用せず、逆に馬鹿《ばか》にされていると受け止めるので逆効果です。喧嘩《けんか》をしている場合でも、直接の原因よりもものの言い方で怒ることがよくあります。一方、自分では笑いながらきついことが言える人です。

マイペースで基本に忠実なので、あまり応用が利きません。物事を頼まれた場合、それ以上でもそれ以下でもない普通の仕上がりです。独創的なものを求めた場合は、作業に着手するまでに相当な時間がかかり、なかなか形にすることができません。

度胸のあるマイペース型

自由・平等・博愛をモットーに、悠々自適に人生を歩んでいくタイプです。大抵のことはどうにかなる、やってやれないことはないと思っているだけに、いつも自信満々でマイペースな姿勢をくずすことがありません。

とっつきは悪いものの、やり始めるといつの間にか何でもこなしてしまいます。反応が鈍い一方で適応力はあるので、一度基本線から大観《たいかん》をつかんでしまうと、徹底して没頭していく実力と粘り強さを見せます。反面、すべてが中途半端になる危険性ももち合わせています。

また、どんな場面でも動じることなく、物怖《お》じしない態度で接するため、度胸のある人物と信頼され見込まれる反面、何を考えているのかわからない図々しさと取られることも。

人はみな同じと思っていることから、肩書きや役職に関係なく遠慮のない発言をして、周りを驚かせることもしばしばあります。偽《いつわ》りのない自分の考えに確固たる自信をもっているからだけでなく、誰しも自分と同じように考えてくれていると信じて疑わないからです。

多少、自分本位な面はあるものの、本来正直で表裏がない性分だけに、その義理堅さや同情心を利用されて騙されることも少なくありません。何事につけ、石橋を叩いても渡らないくらい慎重なのですが、自分のこととなるとまったく用心に欠けるお人好しなのです。

中道精神の持ち主

日頃より常に常識的で、偏《かたよ》りのない考え方をするタイプです。誰にでも通用する正論しか口にしません。

それだけに周囲も共感しているはずだと純粋に信じています。誰に対しても臆《おく》せずものを言うのは、そうした自信を抱いているからで、受けて立った時の強さは並ではありません。あくまでも権威におぼれず、堂々とした説得力を武器に、正義と誠実さをモットーとする正統派でありたいと思っています。

適応力が最大の武器

人はみな同じ、ならばやってやれないことはない、という自信をもっています。実際にやれば何でもできてしまうから素晴らしい。大抵のことを人並み以上にこなしてしまうのですが、器用貧乏とはこのことで、これといって秀《ひい》でたものが見つかりません。のめり込める何かが見つからないと、すべてがかじりかけで終わってしまう危険をはらんでいます。

ただ逆に言えば、かなり広い範囲における適応力を求められる役割においては常に重宝《ちょうほう》がられ、信頼を得ることができます。応用の利く人材として種々様々な仕事のチャンスがあるポストで、その器用さを活かすことを第一に考えたいものです。ただしスピードを求められる分野は避けること。あくまで頭脳プレーで勝負することが鉄則です。

ひとつの分野を突き詰める

もうひとつ別の成功法として、的を絞ってのめり込むことが挙げられます。たくさんのことを一度に並行してこなすことのできるバランス感覚も魅力ではありますが、あるひとつの題材にその生涯をかけるつもりになった時には底知れない力を発揮し、不屈の精神で取り組んでいく性質をもっています。究めてもなおこだわり続ける、粘りと頑張りを見せるのです。

それだけに、将来的には大きな展開の可能性を秘めています。自分の力を開発し発揮するためにも、80パーセントで満足することなく、120パーセントまで突き詰める努力をすべきです。そのためには、のんきな気持ちを排除し、自分で自分を追い込む姿勢が必要でしょう。

才能を見抜く目から育てる目へ

人の才能を見抜く目が鋭く、その才能を尊重し、人を活かす能力は突出《とっしゅつ》しています。こだわりのない寛大さで人を評価し、欠点を特長に転換させるよう指導するのです。

マイナスに焦点を当てて是正《ぜせい》させるのではなく、プラスをよりクローズアップさせることによってマイナスをもプラスに転換できる、という発想の持ち主。したがって、人のマイナス部分はあまり気にならないという利点があります。その才能を大いに利用し、活用していくことができるのがこのタイプの得意とするところです。

ただ、自分の都合でその才能の善し悪しを決める悪い癖があるので、利用することばかりにとらわれず、長所を伸ばしていく方向で人を育てることを第一に考えたいものです。

全体像を把握し最終的な意思決定をする

何事においても基本を捉えてから全体像をつかめるのは、このタイプの優れた才能です。その実現のために一度あらゆる手段を講じつつ、総合させることができるのです。

ただ、すべてに平均して力を注げるプラスがある反面、すべてに今ひとつ力が注ぎ切れないというマイナス面も生まれてきます。ひとりの人間としては限界があるので、何もかも自分でこなそうとしないことが成功のポイントです。特に重要性を考えることに疎《うと》いだけに、順序立てて実現をはかる人材を見抜き、組織させる構想を練るべきでしょう。

そのうえで、総括的に計画し展望していくことが望ましい。自分で何でもできるオールマイティなタイプであるために、なかなか人にまかせることができないのですが、より大きな展望を望むのであれば、そのバランス感覚を企画や構想に活かすべきです。

本来であれば、自分でとことんまで頑張るタイプなのですが、できればその頭脳をホスト・コンピュータとして総合の役目に当て、実際に頑張るのは末端のコンピュータである人材にまかせれば、自らの役割の重要性に気づくでしょう。

あなたの本質

虎のキャラクターを人間の一生にたとえると、ひとつの事業を成功させた社長のように、自信に満ち溢れた状態です。頂上まで上り詰めた人間だけがもつ余裕が感じられます。

自分の方針をしっかりもち、流行や社会の風潮に左右されることなく、あくまでも自分の方針とペースで生きていく。もうこれ以上、上る必要がないだけあって、実にのんびりと構えています。

社長の地位にあるのですから、今さら何を言おうと、耳を貸すはずもありません。腰が重くてなかなかもち上がりませんが、一旦やる気に火がつくと徹底して取り組み、全体と部分のバランスを取りながら幅広い展開をはかるたくましさを見せます。

そんなあなたの悠然たる姿には、「この人が押してくれることには間違いがない」といった安心、安定感があります。その一言が周囲の人を元気づけ、勇気を与えるのです。

人はあなたをどう見ているか

自分の世界観を強くもつ人です。流行にはまったく左右されず、気に入ったことを徹底的に継続します。一度身につけた習慣は、流行り廃《すた》りに関係なく何年も続けますし、レストランに行けば毎回同じメニューを選びます。その姿はとてもマイペースに映ります。新しいものを勧めても、そう簡単に意志を変えることがないので、融通の利かない頑固者に見えるかもしれません。

環境や人や状況のせいにすることはなく、自分がやると決めたら確実にやり切る。一度決めたら、雨が降ろうが具合が悪かろうが、絶対にやろうという気持ちが強いので、傍からすると「そこまでしなくても……」と言いたくなるくらい、自分に厳しいストイックさをもち合わせています。

何事にもぶれないあなたの一言には安心感があります。人当たりがよく面倒見がよいので、周りの人は大いに元気づけられています。

最強になるための長所の伸ばし方

バランス感覚がとてもよいので、何でもそつなくこなしますが、下手をすると器用貧乏で終わってしまう可能性があります。

お人好しな性格なので、他人の仕事を安易に受けてしまうこともあるでしょう。オールマイティに仕事をこなす能力は重宝がられると思いますが、うまく使われるだけで終わるのはもったいないことです。その分散した能力をひとつに絞ると、大きなものを生み出せるはずです。何かこれはと思うひとつを見つけることが得策です。

決めたことを計画どおりにやる、すべての物事に誠心誠意取り組むことは簡単なようで実行するのは難しい。しかし、このタイプは「当たり前のことを当たり前にやれる」力があります。これはなかなか真似できない長所といえるのですが、本人はそれを当然と思っているために、いざできないとなると精神的につらくなる度合いは人一倍です。そうなると、あなたの持ち味である、バランス感覚のよさが失われてしまいますから、できないことがあっても必要以上に落ち込まず、気持ちを立て直して、リズム感を取り戻しましょう。

特に気をつけるべきポイント

物事を十分理解しないと決断しない性格なので、腰が重くてなかなかもち上がりません。やっとお尻に火がついて入れ込んだかと思うと、じきに飽きてしまいやめてしまうことも多々あります。

何でも器用にできるせいか、時として気まぐれで、中途半端に投げ出すことも多いのです。注意力が散漫になると、何も達成せずに終わってしまうところがあるので、ひとつでも目標をもつようにしましょう。

他人のものの言い方を気にするわりには、自分の発する言葉には無頓着《むとんちゃく》です。中途半端なことが嫌いなので、思ったことをそのままズバッと口にしてしまうのです。

笑いながら放たれたきつい一言は、核心を突いているだけに、相手の心を深くえぐります。つい余計なことを言ってしまったら、その後のフォローを大切にしましょう。

評価の上げ方

　自分の経験の範囲からしか物事を考えることができないので、小さくまとまってしまう恐れがあります。思い込みが激しく、可能性を自分で否定してしまうのです。

　後一歩のチャレンジをして殻を破る勇気も必要です。ビッグチャンスをもちかけられても「無理」「ない」「できない」と言い切らないこと。せっかくのチャンスも最初からノーと言えば、そこで話は終わってしまいます。

　大きな可能性を秘めた自分の力を開発し発揮するためにも、現状で満足することなく、もうひと踏ん張り、努力をしましょう。時には「いつものコース」からはずれて、経験値を高めることが大切です。枠と幅を広げることが、あなたの評価を上げる近道です。

　また、他人の気持ちも自分と同じだと決めつける傾向があります。「これをやったら間違いなく喜ぶだろう」「これが好きに違いない」と勝手に思い込んで、相手に無理強《じ》いしてしまうのです。

　そうなるとただの親切の押し売りです。せっかくの好意も裏目に出て、かえってあなたの評価を下げる結果になりかねません。相手の好みを聞く、ちょっとしたひと手間を惜しまないようにしましょう。

周りがイエスマンばかりになると、誰もその偏った考えを正してくれません。バランス感覚に優れたリーダー気質ですが、その才能も周りの支えがあればこそ花開くのです。自分の考えと違うからと頭ごなしに否定せず、周りの人の考えに耳を傾けて、尊重するようにしましょう。

あなたは人をどう評価するか

自己愛が強いので、まず自分ありきです。自分が決めたことができないのが何よりも嫌なので、それを阻害《そがい》されると強く反発します。自分の信念をいきなり否定する人が嫌いです。物事を継続できているかどうかは、あなたにとって重要なポイントです。言うこととやることがコロコロ変わる人を信用しません。雑に流してごまかすことや、テクニックに走るやり方を好みません。基本をきちんと押さえて、誠実に取り組む姿勢を高く評価します。

意思決定は遅く、何かを決める時には全体像を見てから判断します。部分的な話をされてもピンとこないので、全体の説明が必要です。商談では仕組みを捉えたいので、事業計画やビジネスモデルを知りたがります。

「納得」がキーワードで、腑《ふ》に落ちなければダメなタイプです。人の意見には惑わされず、きっちり自分で最終判断を下します。

バランス感覚を大切にするので、ビジネスにおいても、お互いが満足のいく「三方良し」の精神をもっています。誰かだけが儲《もう》かる話には飛びつきません。

決め手はイメージと合っているかどうか。あなたの思っていることに結びつくものを提案されると、快《こころよ》く受け入れます。意思決定には時間がかかりますが、納得したら早いのです。

愛情が深く、一緒に働く人をかわいがるタイプです。誠意をもって接すれば、あなたに愛されるのは難しくないでしょう。

最強の自分のつくり方

第8章 たぬき

たぬき

冷静に出番を待つ実績主義者

あなたのキーワード

経験　伝統　一流　格式ある　ブランド　実績重視

あなたの特徴

- 経験と実績を重視する
- 古いものを好む
- 究極の逸品に目がない
- きっちり役割分担をする
- 物忘れが激しい
- 相手の出方を待つ
- 存在感が大事
- 頼み事をされると断れない
- 粘り強い忍耐力の持ち主
- 返事はよくてもなかなか動かない
- 化けるのがうまいが、しっぽが見えている

たぬきタイプの著名人

天海祐希（女優）、江副浩正（リクルート創業者）、ショーン・パーカー（Facebook 初代 CEO）、武田鉄矢（歌手／俳優）、藤井フミヤ（ミュージシャン）、本田宗一郎（本田技研工業創業者）、松本幸四郎（俳優／歌舞伎役者）

あなたの性格・基本的なこと

たぬきタイプは、人柄もよく誰とでも気さくに付き合うことができる天性の社交家です。相手に対する応対の仕方や好感をもたれる言葉遣いは抜群で、特に年配者や先輩などの年上にかわいがられることが多い。何事も経験や実績を重んじ、それなりの評価をします。年上の人に敬意を払って接しているのもそのせいでしょう。

あまり自己主張もせず一歩下がって人と付き合いますが、一度前に出ると今まで抑えていたものが一気に出てきます。返事はとてもよいのですが、「なるほど」という言葉が出るのは、会話の内容を理解していない時です。

断ることができず、何でも安請け合いする人のよさがあり、すぐオーバーワークになりがちで小さなミスが目立ちます。「うっかり」という言葉が似合う人で、約束の期限をつい忘れてしまいます。無責任に思われてしまいますが、粘り強さと底意地で何とか帳尻《ちょうじり》を合わせようとします。

吸収力が高く、何でも語呂合わせで覚えてしまう傾向があります。また、他人の経験まで自分の経験にしてしまうところがあります。一見大人しそうなのですが、実は明るいひょうきん者です。

経験と実績を重んじる本物志向

これまで自分の経験を尊重し優先してきたため、それが物事の価値や判断の基準になっています。そのため、実績や伝統を誇る一流のもの、社会的に認められたブランドを重んじる傾向にあります。

本物志向ではあるものの、目新しいものを容易に受け入れようとしない頑《かたく》なさがあります。自分で経験して確信を得ないことには安心できないことから、まずクールに疑うところから入っていきます。すべてのチェック項目をクリアした時点でやっと納得して受け入れる、徹底した守りの姿勢をくずすことはありません。

何事に対しても、いい加減なことはできないという責任感があるので、自分を盾《たて》にしてでも大事なものを守り抜くという底意地をもっています。実に冷静で客観的な目の持ち主といえるでしょう。

対人関係にも当たり障りのない態度を取りながら、冷静に相手を観察して、自分に役立つ人を直感的に見抜いていくのです。決して私利私欲《しりしよく》を表立たせることはせず、知らず知らずのうちに自分の目的を達成させる方向にもっていくタイプです。

本来は目立ちたい願望をもっているのですが、率先して出ていこうとせず、じっと打って出る瞬間を待つような、したたかな一面ももっています。

何かひとつ身につけて腕を磨け

経験を重視するのは、長年の努力の成果や実績に対して、このうえない誇りを感じているからです。

一度身につけたものは、誰にも真似できず、誰からも盗まれない確かな自信となり、自分の手で人生をつくり上げる時の大きな武器になると考えています。このタイプがブランド志向であるのも、イメージやネームバリューではなく、一流ブランドの確かな技術や技能に対して敬意を表しているからなのです。

自分も何かひとつのことを身につけ、腕を磨くべきであると考えています。たとえばそれが直接今の仕事に関わってこなくても、自信が消えることにはなりません。過去の栄光が実になるタイプなのです。

堅実で手抜きをしない勤勉さから、実際に技術や芸能の世界で才能を発揮することも大いに可能です。

経験を重ねよ

なるべく経験の幅を広げ、そこを深めて視野を大きくもつことが必要です。また、そうした積み重ねの努力をいとわない信念をもっています。

すべての経験が自分の器をつくることにつながり、何ひとつとして無駄になることはありません。その粘り強く重ねた経験に対する自信が、立場を心得て自分の出番を待つような賢明な行動につながっていくのです。

比較的、自分の考えに固執しやすく、時代の波に乗り遅れることも少なくありませんが、何度もピンチとチャンスを繰り返し経験することによって、そのタイミングをはかることも可能になります。

守りの姿勢で慎重に取り組もうとするだけに、見当もつかないような未知の話を容易に受け入れることができません。自分の経験と常識で判断できないことは、検討するための土俵に上がらないのです。一応は相手の話に調子を合わせるものの、右から左へと聞き流し、自分の考えを変えることはありません。

自分で経験することでしか人としての幅を広げることができない性格ですから、漠然と生活していても時間を浪費するだけです。様々な分野に積極的に興味をもち、経験を重ねる努力をしましょう。

勝利は運と縁とタイミング

人との縁を重視し、実際、人脈によって成功するケースが多いタイプです。常に温和で控えめな態度を取りながら、強気に自分を主張することはないものの、対人的な駆け引きは実に巧みです。

本来、敵をつくらず、対立を避ける受け身タイプですが、いつの間にか自分の思う方向へもっていく粘り強い駆け引きを心得ています。

内心では他人に左右されることはなく、決して周りに妥協しない一念をもっており、守りの中からチャンスをうかがう、したたかな勝負強さを感じさせます。

絶対に先制攻撃に出ることはありませんが、じっとタイミングを見計らって相手の隙をつく、まさに忍耐の勝利が得意です。

本物を見抜く直感力を活かせ

経験で培《つちか》われるのは、冷静さや客観性だけではありません。理屈や計算でははかりようのない、人材を見抜く目が養われるのです。

もともと芸術的なセンスが豊かなタイプだけに、本物志向に磨きがかかるにつれて、本物を見抜く目が確かなものになっていきます。

特に自分に役立つ相手、自分が必要とする相手を見極める直感力は鋭い。ただ、気心の知れた相手には情に流されてしまうので、この勘も通用しないことを忘れずにいたいものです。

実際、このタイプが騙されたり利用されたりするのは、長い付き合いの友人を過信したケースであることが多い。常に心の中のもうひとりの自分によって、感情を表立てることなく慎重な判断を下すタイプですが、古くからの友人には情にほだされ、身を粉《こ》にして力になってしまうのです。

影の立役者になれ

トップとして直接腕をふるうよりは、その参謀《さんぼう》として才能を発揮することを考えるべきです。

もともと、全面的に表立ってどうこうすることを好まない性分なので、前線から一歩引いた安全圏で控えめにトップを支える、かけがえのないブレーン役が適任です。

本質的には縁の下の力持ち的な役割を担いつつ、存在感のある影の実力者として、鋭い目を光らせるのに必要なものをすべて備えているのがこのタイプなのです。

あなたの 本質

たぬきのキャラクターを人間の一生にたとえると、会社の創業社長がその座を後継者に譲り、引退して会長になった時期です。ひとつの事業を成し遂げた落ち着きと、まだまだ頑張れるぞという意地をもっています。

苦労して事業を成功させた経験から、「ここぞ」という時には自分が出ていって、体を張ってでも守るべきものを守らなければならないという気構えをもっています。会長という立場では陣頭指揮《じんとうしき》を取るわけにはいきませんが、影になり日向《ひなた》になって援助し、温かくかつ冷静に若い連中を見守っています。

そんなあなたの使命は、人をアシストすることです。影の立役者として主役にトスを上げるタイプと、プレゼンターとして人の前に出るタイプのふたつに分かれます。プレゼンターはバックヤードのアシストとして役割を果たします。

人はあなたをどう見ているか

愛想がよく、人付き合いがいいので、話しかけやすい雰囲気があります。面倒見がよいので、相談をもちかけられることも少なくないはずです。お礼のメールなども丁寧に返してくれるので好感がもてます。

誰にでも人当たりがよいところが、ともすれば八方美人に見えるかもしれません。相手に合わせて自分の意見をコロコロ変えるのは日常茶飯事です。

興味のないことでもうなずいたり、「なるほど」と話を合わせたりするので、本音がわかりづらいのです。そうかと思えば、心を許した相手には、とてもわがままに振る舞う一面もあります。

エルメスなどの格式あるブランドが好きで、その理由まできちんと説明することができます。老舗《しにせ》の和菓子など名門や伝統の品には目がありません。自分をブランド化するのも得意です。物忘れが多く、よいことも悪いこともさっぱり忘れてしまい、他の人を呆《あき》れさせることも。そんな姿が天然ボケな人に映るようです。

最強になるための長所の伸ばし方

普段はのほほんとしているように見えても、一旦やると決めた時の底力はすごいものがあります。「ここぞ」というタイミングを見過ごさず、素早く動いて、がむしゃらに働きます。頑張りすぎて、ついつい体を酷使《こくし》してしまいがちなので、無理は禁物です。根《こん》を詰めすぎると、ある時点でとんとやる気がなくなることがあるので注意しましょう。そこであきらめてしまわずに、持ち前の粘り腰で最後までやり通すことが大切です。

たぬきタイプの頑張りのモチベーションは周りの人次第で変わります。「迷惑をかけたくない」「まかされたからきちんとやる」という気持ちがあればこそ、目標を成し遂げることができるのです。

ですから、できるだけよい縁を結ぶことがカギ。甘え上手な性格なので、自分ひとりで解決しようとせず、頼りになる先輩に相談することが得策です。人と縁に頼ることが、成功を引き寄せる力になります。

特に気をつけるべきポイント

自分に役立つ相手や、自分が必要とする相手を見極める直感力に優れています。とりわけ、自分を引き立ててくれる年長者をキャッチすることを得意とします。そのような相手を見つけるとつい過度に甘えてしまうので、他力本願になりすぎないよう注意が必要です。

感情を表立てることなく慎重な判断を下すタイプですが、親しい友人や後輩が相手となると、感情に左右された物言いをしてしまう傾向があります。長い付き合いのある友人には身勝手なことを言い放ったり、部下には仕事を丸投げしたりして、相手の負担になっていることも少なくありません。「親しき仲にも礼儀あり」で、近しい人にいかに気を遣えるかが重要なポイントです。

忘れっぽい性格なので、アポイントメントをすっぽかしてしまう可能性があります。約束や大事な用件は、きちんとメモする習慣をつけましょう。

評価の上げ方

もともと社交性が高く、相手に合わせることが自然にできる人なので、おしなべて評判のよい人物といえるでしょう。

言いにくい本音を相手に言わないことが優しさだと勘違いしているようですが、それではあなたの本心が相手に伝わりません。自分の意見がないと見なされるので、時には自己主張も必要です。

問題点があっても即座に言わないところがありますが、後回しにしていると後々大きなトラブルに発展しかねません。根拠のない自信では対処できないこともあるので、困った時はその場で相談しましょう。あまり周囲に気を遣いすぎないほうが、確かな人間関係を築くことができます。

相手に合わせる順応性が高いのは結構なのですが、相手によってコロコロ意見を変えていると、ずるく立ち回っているように受け取られることも。目上の人に実力を認めてもらえたとしても、部下や同僚には「上司に取り入って出世した」とやっかみを受けることもあるかもしれません。

もっと積極的に自分の意見を伝えましょう。年下の人間や同僚のフォローアップも大切にすることです。

伝統と確かな技術に裏打ちされたものや人の考えを取り入れるのが上手です。しかし、そのまま活用したのでは、他人のアイデアにすぎません。一旦咀嚼《そしゃく》し、自分の意見として発言できるとあなたの説得力はもっと上がるでしょう。

無理にリーダーシップを取らず、サポーターに徹したほうがあなたのよさが引き立ちます。小さな実績をコツコツと積み上げる姿に人は注目し、その存在感は確かなものになります。

あなたは人をどう評価するか

経験や実績を重視するので、それらを軽く受け止めたり、けなされたりすると頭にきます。手抜きをした行動や愚痴を嫌い、神経が細やかで気配りのできる人を好みます。物事のプロセスを大切にし、経験を積み重ねている姿を評価します。結果どうこうよりも、自分に対していかに一生懸命やってくれているかどうかがポイントなのです。

人からの親切は大歓迎。手土産などもありがたく受け取ります。伝統のあるものや究極の逸品には目がありません。丁寧な物を贈られることが、イコール信頼関係につながるのです。

分《ぶ》をわきまえずに出しゃばる人を理解できません。自分を全面に出されるとしらけてしまいます。

余計な口出しをしないで、配慮できる人に好感をもちます。あなた自身、前へ前へと出ていくタイプではありませんから、その気持ちを察してもらえると助かるのです。

積極的に自分の出番を求めませんが、実際のところは声をかけられるのを待っています。意を汲んでお膳立てしてくれる相手には「なんて気が利く人だ」と感動して評価がぐんと高まります。

怒っていても顔に出しませんが、ダメと思ったら関係を切るのが早い性格です。あなたの真意に鈍感であれば、そこでアウトです。あなたの思いを敏感に察知し、理解してくれる人に信頼を寄せます。主張は控えめですが、自分の意見はきちんと最後まで聞いてほしいと思っているのです。

嫌なこともすぐに忘れてしまう性格なので、一度拒絶した人でも、時間を置いたら挽回《ばんかい》できるチャンスがあります。押しに弱く、ぐいぐい来られたら断れないタイプです。自信をもって何度もアピールされれば、最終的には相手を受け入れるでしょう。

最強の自分のつくり方

第9章 子《コ》守《ア》熊《ラ》

子守熊

自分の夢を大切にするロマンティスト

あなたの キーワード

理想　長期的スパン　計画的　最後に勝つ　一生もの　将来性

あなたの 特徴

- 休憩しないと長続きしない
- 負ける勝負はしない
- 笑いのためなら毒舌《どくぜつ》も吐く
- 最悪の事態も予測してから行動する
- 無駄なことが嫌い
- サービス精神旺盛
- 終わった後で後悔する
- ロマンティストだがリアリスト
- 温泉や南の島が好き
- 人生は計画的に
- ペース配分が苦手
- いろんな趣味にチャレンジ

子守熊タイプの著名人

井深大（ソニー共同創業者）、エドウィン・ハーバード・ランド（ポラロイド創業者）、賀来龍三郎（キヤノン社長、会長を歴任）、マーク・ザッカーバーグ（Facebook 創業者）、松下幸之助（パナソニック創業者）

あなたの 性格・基本的なこと

子守熊タイプは人当たりもよく、サービス精神旺盛なので交友関係が広いのが特徴です。場の雰囲気を盛り上げる時は、自分の値打ちを下げてでも楽しい雰囲気をつくろうとします。

ただ、本音でぶつかり合う人間関係はほとんどありません。何事にも計算高く、つじつま合わせは天下一品です。損得の駆け引きは常にしています。リスクを重く考えるので、勝とうとするのではなく、負けない戦術を考えます。

疑り深く慎重で常に最悪のケースを考えていますが、騙されることも少なくありません。今はダメでも将来的には……と長期展望的な発想で、地道に逆境を乗り越えようと心がけます。ただ、居場所の環境にはこだわるので、自分に合わなくなれば今の居場所を放棄し、さらなる新天地を追い求めます。

楽しいかどうかが判断基準です。無駄が嫌いでスケジュールを常に埋めようとしますが、「ボーッとする時間」もしっかりスケジュールに組み込まれています。いかに忙しくても、ひとりになってゆっくりする時間が必要なのです。盛り上がることも好きなので、飲み会などの誘いにはほとんど参加します。

　突然予定が変わると、すべての段取りが狂ってしまうので不機嫌になりがちです。

感受性が強くガードが堅い性格

　自分の人生にロマンを求め、着実にその夢の実現に向かって努力をしていくタイプです。その夢やロマンを大切にして生きているだけあって、自分の生活に土足で踏み込まれたり、傷つけられたりすることを極端に嫌います。世の中でもっとも大事なのは自分なのです。

　それだけに自分の個性を大切にし、その活かし方、伸ばし方もすべて自分で考えていきます。物事には常に裏があると思っているので、人の言動もすべてを信じ切ることはありません。何事も他人まかせにはできず、自分で確かめずにはいられないのです。

　自己管理にはとても厳しく、長期的な展望の下に緻密な計画と計算を立て、地道に実行していきます。ペース配分が必要な勝負には抜群に強いのが、このタイプの特徴といえるでしょう。

　一見ひょうひょうとしているものの、実は意外と神経質で、いつも緊張の糸を張り詰めています。

また、感受性が強いこともあって、精神状態が周囲の状況に大きく左右されます。それだけに、感情に走って、喜怒哀楽《きどあいらく》を激しく表すこともありますが、その感情表現を巧みに使って相手をたじろがせ、駆け引きを自分のものにするような計算高いところもあります。それと同様に、実に上手におだて上げたり、逆に情け容赦《ようしゃ》もなくけなしたりして、相手の気持ちを操ることを得意とする策略家でもあります。

向上心は器をつくる

もっともっと理想に向かって努力をせねばならないと、いつも向上心を胸に抱き、闘志を燃やしています。ここまでやればよいと思うことは、自分の限界を自分で決めてしまうことだと考え、理想への飽くなき追求はとどまることを知りません。

何かを仕上げた場合でも、本当にこれでよいかどうか、もっと手を加えるところはないか、やり残したところはないか、十二分に考える。この、もっとやる主義を徹底的に活かして現実的に努力していくことができれば、より確実性が増し、理想的な成功を揺るぎないものにすることができるでしょう。

人生にロマンを求めよ

目標に向かって一直線に進んでいこうとする熱血漢です。自分の気持ちを大切にするロマンティストですから、いつも格好よくポーズをつけて自分の生き方に酔いしれるところがあります。

一方で、描いた夢を夢で終わらせることがないように、理想的な展開と具体的な裏づけを取ることを忘れません。変に社会から飛び出したりしないオーソドックスな方法で努力を重ねながらも、ドラマティックな自分の人生を創り上げようとします。

数字の算段にも余念がなく、損になることは絶対に手を出さない、堅実かつ打算的な路線をくずそうとしない精神性があります。

自分の理想どおりに進められるよう厳しくコントロールしているだけに、人の気持ちを顧《かえり》みない冷徹な一面をもっていますが、それだけに、裸一貫から身を興《おこ》して一代で財を成すことができる可能性を秘めています。

ただ向上心のない人を軽視する悪い癖もあります。それでいて、感激屋で意外と情にもろく、特に身内には甘い面ももっています。

まず懐疑《かいぎ》的に取り組む姿勢

物事を捉える時にはまず「本当かどうか」「裏がないか」を疑ってかかる用心深さがあります。本人は、飾らず裸でぶつかってくる人を好むのですが、この世の中のものにはすべて裏があると思っているだけに、それを自分で確かめるまでは信じ切れない慎重なところがあります。

それだけに他人の話にも「絶対に裏に何かあるだろう」と、実にしつこく駆け引きを仕掛けてきます。巧みな感情移入によって相手をなだめたり、すかしたり、脅したりしながら、相手の本音がどこにあるかを見定めるのです。

大抵のことには引っかからない堅実さを身につけていますが、そんな自分に対する精神面の葛藤が生まれ、率直に人を信用できない自分に疑問をもつこともあります。

ただし、この懐疑的な考え方がすべての行動の原動力になっているのですから、そのやり方を是正しようとする必要はまったくありません。

長期的展望の勝負師

5年から10年スパンで物事を捉え、計画を立てられる才能を活かしたいものです。掲げた目標に向かって、実に無駄のない直線的拡大計画を邁進していくことが可能です。

理想の実現に気持ちがはやりすぎて多少の無理が生じることもありますが、基本的にはペース配分をしながら、最後には勝つ長期的展望の勝負師です。

スピードにも適応できるし、駆け引きにも長じているので、ついつい一石二鳥のその場の勝負に惑わされ、手段が目的に転じてしまう危惧《きぐ》も含んでいます。あくまでも地道な努力を重ねながら、勝ちに出る瞬間を見極めましょう。

お金の有効活用

実は数字に強いのがこのタイプ。それも損得のからんだ計算に優れ、実践で通用する金銭感覚を身につけています。長期計画の収支の算盤《そろばん》勘定や資金繰りには余念がありません。また、メリットがあやふやなことには決して手を出そうとしない、鋭い計算能力の持ち主です。それだけに、日頃からお金の遣い方や遣いどころを心得ており、無駄な出費を絶対に避けます。

収入は能力給であるべきだと思うくらい、すべての価値、評価を金銭ではかろうとします。単なるケチではなく、自分に対する先行投資や理想の実現のためには、惜しまず大金を遣います。人生における大切なこと、大切な時に思う存分に投資したいがために、日常を切り詰めてしっかり蓄えておくのです。

そのため地位より収入を優先するタイプといえます。本来の目的に向かって、自分個人のお金を活かす遣い方を考えたいものです。

あなたの 本質

子守熊のキャラクターを人間の一生にたとえると、人生の大半を経過した老人が病に倒れ、床《とこ》に臥《ふ》している状態です。若く元気だった頃のことを思い出し、空想の世界でロマンを追い求めています。

いつ回復するかわからない体ではあるけれど、元気になったらあれをしよう、これをしようと夢を膨らませているのです。これまでの長い道のり、自分のために生きてきた時間はごくわずかなものだったから、社会から引退した今となって初めて、自分のために生きようとしています。

今まで見られなかった夢を実現して、ヒーローになれる時がやっときたのです。まだまだやり足りないと思う気持ちがバイタリティを生み出しています。

描いた夢やロマンに長期的展望で取り組み、人生をかけて現実化させたい。いろいろな趣味にチャレンジして、自分を高めることをライフワークにします。

人はあなたをどう見ているか

自分のことが大好きで、いつも自分に構ってほしい人だと見られています。

気にかけてもらえると喜び、いたわりの言葉をかけられると元気を出しますが、反対に頑張れと声をかけられてもやる気を見せません。休憩やリラックスの時間を大切にしています。一緒に出かけても、すぐに疲れて「お茶しよう」と言い出します。

楽しいことが大好きなので、遊びの誘いにはすぐ乗りますが、ネガティブなことを聞かされるのは苦手です。悪口や不平不満を言っても、他のことを考えていたりするので、愚痴をこぼす相手としては張り合いがありません。

普通の人と怒るポイントが違っていたり、ワンテンポずれて笑ったりするので、他の人にはつかみにくいキャラクターです。話を消化するのが遅いので、忘れた頃にあれこれと蒸し返すことも多く、他の人を困らせてしまうことも少なくないでしょう。

おしゃべりな人ですが、話の要点を端的に伝えることはできません。結論を言った後で、長々と補足したりするので、結局何が言いたいのかちっとも伝わらないのです。

最強になるための長所の伸ばし方

時間をかけて夢を現実化させる力があります。夢を夢で終わらせないためには、空想にふけりすぎないことが大切です。現実世界から逃避せず、目の前のやるべきことを優先させて着実に前に進みましょう。

徹底してビジョンを描くことが重要です。最悪のケースを考えながら行動するので、構想が中途半端だとどうしても不安が先立ちます。

最終的にどうなるかのストーリーづくりを明確にすることが大切です。それによって、ネガティブな考えが払拭《ふっしょく》され、目標に向かって集中することが可能になります。

世の中のニーズを探すのは得意なタイプです。営業はできなくても、どうやったら売れるかをリサーチするのは上手です。いつでも何か面白いことはないか、アンテナを立てておきましょう。

ビジネスに喜びを感じると長続きします。楽しい発想を活かせる仕事に就くのがベストです。

特に気をつけるべきポイント

いつでも自分のことを気にかけてほしいと思っています。自分を差し置いて、近しい人が褒められると正直いい気持ちがしません。

自分に断りもなく、共通の友人同士が会っているのを知ると、焼きもちを焼くこともあります。後からそのことを相手にくどくど言っても嫌がられるだけです。ひがみっぽい態度はますます人を遠ざけます。広い心で周りの人に接しましょう。

疑り深い性格のわりには騙されやすい一面があります。初めは胡散臭《うさんくさ》いと思っていても、数字やデータを並べられると、あっさり信じてしまうので注意が必要です。立派な体裁《ていさい》に惑わされず、中身をよく検証することが大切です。

夢を描くのは得意なのですが、アイデアと妄想《もうそう》が入り交じっているところがあります。ビジョンをしっかり立てて、きちんと実務ができる人と手を組むのが成功への近道でしょう。自分のウィークポイントは、他人にまかせることも大事なことです。

評価の上げ方

サービス精神が旺盛で、何でも自分でやりたがる傾向があります。畑違いのことでも、何かしら手伝おうとしますが、独りよがりの親切心が空回りしてしまうことも少なくありません。

一生懸命にやっても報われなかったと、勝手に腹を立てられても、周りは迷惑なだけです。せっかくの気配りがマイナスに働いてしまっては、元《もと》も子《こ》もありません。引くべき時を心得ることが大切です。

ゲストの立場になった時には、余計な気を回さず、リラックスして楽しむことに徹しましょう。そのほうがあなたの人当たりのよさとユーモアセンスがうまく出て、場を盛り上げることができるはずです。

少し先走るところがあるので、一歩下がることを覚えましょう。他人に仕事を振ることができない性分ですが、不得手なことはそれを得意とする人に思い切ってまかせることが大切です。他の人の知恵を借りることは恥ずかしいことではないのです。委託する力をつければ結果的にあなたの評価は上がります。

自分勝手に妄想を膨らませていることも多く、他人の話を上の空で聞いていることも多々あります。誰だって自分の話をちゃんと聞いてもらえなければ面白くありません。相手が話をしている時には聞くことに集中しましょう。きちんと聞く力をつければ、選択肢が増え、人間としての幅も広がります。

懐疑的な性格から、人の話にも絶対に何か裏があるだろうと、実にしつこく駆け引きを仕掛ける傾向にあります。それを何度も繰り返せば、相手もうんざりします。

人を信じる力をつけることが肝要です。他人を信用することで、あなた自身の信頼度も大幅にアップします。

あなたは人をどう評価するか

どんなタイプでも、相手が自分のことを好きだと分かると、好感を抱いてしまうような一面をもっています。大好きな自分のことを認めてくれるだけで、無条件に好きになるのです。

あまり他人の話を聞こうとしないタイプですが、相手が「こちらのことをちゃんと考えてくれている」と判断すると、その人の話にきちんと耳を傾けようとします。

打ち合わせや飲み会の席で、他のメンバーが自分の知らない話で盛り上がると正直面白くありません。自分をないがしろにされた気がして、不愉快《ふゆかい》になるのです。それを察して、さりげなく話を振ってくれる人を待っています。

いくらあなたの味方になってくれても、恩着せがましい態度を取られるとカチンときます。あなたのために頑張ったとアピールされても、感謝よりも面倒くさい思いが先に立ち、相手のことがうっとうしくなってくるのです。

褒められるのは嫌いではありませんが、あまり上手に言われすぎると、持ち前の疑り深い面が顔を出し、むしろ不機嫌になってしまいます。見え透いたお世辞を言う人よりも、腹を割って話してくれる人に信頼を寄せるのです。

人の夢を聞くのが大好きです。安心安全で堅実すぎる話には心惹かれません。大きな夢やビジョンをもっている人と話すとワクワクします。飽きのこない、気持ちに響く言葉を連発されると次第になびきます。ただし、現実味を帯びたプランでないといけません。きちんと段階を経た説明ができて、長期的展望に立って考えられた企画であれば、すんなりとオッケーを出すでしょう。

最強の自分のつくり方

第10章 ゾウ

ゾウ

根性と努力の日本人の鑑《かがみ》

あなたの キーワード

プロ意識　同時進行　全力投球　努力　忍耐　着実

あなたの 特徴

- いつも何かに熱中していたい
- 「ザ・プロフェッショナル」を目指す
- 手抜きを許さない
- 根性と努力の人
- 何でも習得が早い
- 寝食を惜しんでやり遂げる
- 思い立ったらすぐ行動
- 敵味方の区別がはっきりしている
- 問題発見の天才
- 報・連・相が苦手
- 話が大きい
- 不言実行タイプ

ゾウタイプの著名人

石原慎太郎（政治家／作家）、落合博満（元プロ野球監督）、佐々木かをり（実業家）、ジョージ・W・ブッシュ（アメリカ合衆国元大統領）、橋下徹（政治家／弁護士）、原辰徳（プロ野球監督）、宮本亜門（演出家）

あなたの性格・基本的なこと

ゾウタイプは何かに打ち込むととことん取り組み、最後までやり通す努力家です。妥協は絶対に許しません。その努力は無欲、純粋で根気よくコツコツと積み重ねていきます。また、努力は人に評価されるものではないと思い、決してその姿を人に見せることはありません。一方で、今までの実績に対しては評価を求めます。

気分のムラが激しく、調子の良し悪しは極端です。思い立つとすぐに行動に移そうとします。他人から指図されることを嫌い、動かない時は動かず、止まらない時は止まりません。思わぬアクシデントにはとても弱く、すぐにテンションが下がることがあります。見かけ以上に心配性で、いい加減な対応や適当な素振りをされると不安のどん底に陥ります。

問題点を見つける才能は天下一品です。そのせいか根回しやフォローは欠かしません。人を敵味方で区別して、一度でも駆け引きや、見え透いた小細工をされると敵と見なし、闘争本能をむき出しにして徹底的に抗戦してきます。

逆に味方に対しては非常に甘く、面倒見はとてもいい。しかし、たとえ味方でも、ズボラな考えや向上心の見えない態度を示せば、すぐに敵として認識します。

手抜きのない勤勉な性格

努力と根性を人生の意義と考える忍耐強いタイプです。今やるべきことに全力投球するので、今日できることは今日にやってしまわないと気が済みません。

口でどうこうよりも、まず先に実践すべきだと思っています。そういう意味では、自分の仕事にプロ意識をもって取り組んでいるといえるでしょう。

自分がプロになると同時に、プロ意識の強い人しか相手にしない冷たさを感じさせます。またプロであるだけに、自分に必要と思ったことは柔軟に取り入れ、吸収して自分のものにするテクニシャンでもあります。

ただ、しっかりとした自分の考えをもっていないと、いたずらにコピーするだけの付和《ふわ》雷同《らいどう》に陥る危険がなきにしもあらず。そうなると、痛い目にあっても懲《こ》りずにまた同じことを繰り返してしまう面ももち合わせています。

もともと能弁《のうべん》ではないので、口先の勝負はあまり得意ではありません。自分の主義主張を人前で述べなければならない席では、すっかり緊張して気後れしてしまうこともあります。

逆に調子のいい人には口車に乗せられてしまうことも少なくありません。自分としては、あれこれ言わずに行動した結果で勝負しようと考えているので、決められた仕事をきちんとやり抜く勤勉さと、手抜きのない潔癖《けっぺき》さがこのタイプの魅力です。

現状の問題点を指摘

実力を結果で示すだけあって、いい加減な仕事はできません。それだけに仕事のやりにくい環境や条件、邪魔になる障害や問題には、人一倍よく気がつき、改善策を提案することができます。問題点を鋭く指摘することができるのです。

ただ、そのための改善策を筋道立てて考えるのが苦手ですから、周囲に問題を気づかせるような根回しに努力することが必要となります。愚痴をこぼしているようでも、実は的確に問題点を指摘している自分に気づくべきです。

特に先を見通すことができないだけに、そこを補いつつ具体的に現状打破ができる人をいつも身近に置くことが望まれます。

徹底したプロ意識が道を拓く

仕事に対する姿勢は厳しく、コツコツと影の努力をすることを惜しみません。自分のことは人に頼らずやろうとするので、まかされないと本来の実力が発揮できないのもうなずけます。

他の人の監督下にあって、細かい指示や規定の下で仕事をしなければならない場合は、姿勢も能力も萎縮してしまいます。持ち前のプロ意識が活きてくるのは、気持ちを集中できる環境で、やりたいようにやらせてもらえる場合です。何の心配もいらずに自分の世界をつくれるような場所を得ることがポイントといえるでしょう。

そのうえで、やればやっただけ実になる分野、技術や研究の現場に携われば、その職人気質に一層拍車がかかります。

手先が器用で覚えも早いことからも、本当の意味でプロになることを考えるべきです。専門知識や技術を磨き、努力と根性で道を切り拓いていく厳しい世界を選べば、いつの間にか素晴らしい能力を身につけ、立派な成果を上げることは確実です。

コピーアレンジを本物に変える力

まず何でもやってみる、そこから道が拓けるタイプです。とりあえず手がけてみてからでないと、その善し悪しを納得することができないのです。

見よう見真似で何とか形になってしまう、格好がついてしまうのが、このタイプのすごいところといえるでしょう。

最初はコピーかもしれませんが、それを自分流にアレンジして、より優れたものを創り出す才能を備えています。そうなってくると本物のプロになれるので、コピーからアレンジすることを怠ってはなりません。

独創的に一からデザインすることは今ひとつ得意ではありませんが、既存のものを受け入れて、それ以上のものに工夫する才能はずば抜けています。この能力を活かさない手はありません。

不安感をエネルギーに転化

本質的には物事を明るく捉えられるタイプではありません。

放っておくとすぐ不安になってしまい、ただ「どうしよう」を連発してオロオロするばかり。特に自分の考えがしっかりせず、プロ意識もたずにフラフラしていると、日々そういう精神状態に陥ってしまいます。

俗にいうマイナス思考であり、次から次へと悪い方向へ考え、雪だるま式に不安感を膨らませていくのです。そのうち自意識過剰気味になって、周囲がすべて敵であるかのような錯覚を起こします。

しかし、マイナス思考をプラス思考に変化させようとしても無理です。むしろ、この不安を取り除こうと努力することで、根性が生まれ、プロ意識に成長していくのです。

つまり、すべての行動の原動力となっているのが、この危機感といえるでしょう。大切なのは、いかにして自分をギリギリまで追い込んで、底力を発揮させるかなのです。徹底して崖っぷちの危機感を覚えさせることによって、想像以上の頑張りを見せるタイプなのです。

屈託《くったく》のない素直さに自信をもて

職人気質なので、人に干渉《かんしょう》しないし、駆け引きをしようとも思いません。ただ、自分の役割をきちんとこなさない人、やるべきことをやらない人に対しては、容赦なく厳しい態度に出ます。

一方で相手に対して作意《さくい》をもたない純粋なタイプなので、気難しいようでいて屈託がない笑顔が魅力的です。

直情経行にあり、感情表現はストレートですが、それも後腐れのないさっぱりしたものです。その素直な人間性に自信をもつことが大切で、まさに自信が美徳になっていくタイプです。

ただ、口のうまい人にまんまと騙されやすいので注意が必要です。特に、お酒が入って気が大きくなった場合には用心しなければなりません。

あなたの 本質

ゾウのキャラクターを人間の一生にたとえると、人生を全《まっと》うした老人が死を目前にして、いつ死を迎えるかわからない不安にうち震えている状態です。やりたいことや、やらなければならないことは、今日のうちに片づけておかないと間に合わない。もう自分には明日がないかもしれないのです。

一瞬一瞬が、崖っぷちに立たされたような状態であり、追い詰められて最後の力を振り絞って抵抗しています。今にも死にそうな人に、「余裕をもて」と言っても無理だし、先を考えることなどできるはずがありません。

努力と根性で頑張れば何とか踏みとどまれると思っているから、一心不乱に打ち込みます。何かに打ち込んでいないと、不安に押しつぶされてしまいそうだから、手当り次第に試してみる行動につながっています。

努力と根性で物事をとことんまで追求するプロフェッショナル。経営者であればトップダウン型で突き進みます。少人数のスピード経営に強いタイプです。

人はあなたをどう見ているか

自分に厳しい完璧主義者。努力と根性の人と見られています。普段はのんびりしていても、スイッチが入ったとたん、プロとしての意識に変わります。オンとオフの落差が激しく、まるで違う人物のような印象を与えます。不言実行タイプで、人には自分の努力している姿を見せようとしませんが、後からちゃんと頑張ったことをアピールしてきます。

他人に対しては敵味方の区別がはっきりしています。あなたの門下に入ると厳しい修錬を求められ、手を抜くことが許されません。めったに怒りませんが一度火がついたら最後、誰にも収めることができなくなるので、周りからは恐れられています。

仕事上では、相手にスピードを求めてきます。気持ちが先行してしまう性格なので周りは振り回されてしまうことも。お天気屋で扱いにくい面もあります。

最強になるための長所の伸ばし方

物事を同時進行することが得意です。常にいろいろなことを同時に考えることができるのです。自らが動いて、その瞬間瞬間に起こることを体感し、常にその状況に変化していきます。

実際にやってみないと何事もわからない性格なので、まずはチャレンジしてみることが大切です。考えすぎると動けなくなる傾向があるので、案ずる前にまず行動に移しましょう。常に何かに打ち込んでいたいタイプですから、日々何らかの目標を立てる習慣をつけましょう。そうすることでモチベーションが上がり、着実に前進していることを実感できるはずです。

持ち前の職人気質を活かして、コツコツと努力を重ねていけば、新たな才能が花開くかもしれません。その道でプロになることも夢ではないでしょう。

特に気をつけるべきポイント

ミスを見つけることにかけては天才的ですが、問題に目を向けすぎないことが大切です。とても頑固な性格なので、一度決めたら考えを変えませんが、時には融通を利かせることも必要です。

相手のちょっとした一言で傷ついてしまうデリケートな部分もあります。あなたの意に沿わないことを言われるとショックを受けて、その人間関係をすっぱり断ち切ってしまうのです。

自分と考えが違う人を遠ざけていたら、いつの間にか孤立してしまいます。独善的な考え方にとらわれず、周りは自分と違うことを覚えなくてはなりません。

不言実行タイプで、何でも自分で決めてしまうので、「報・連・相」が苦手です。困ったことやフォローしてほしいことは素直に仲間に打ち明けましょう。ワンマンプレーになってしまわないよう、注意が必要です。

評価の上げ方

プライベートでは隙だらけなのに、仕事になると打って変わってプロフェッショナルに徹し、決して弱みを見せることはありません。その温度差が激しすぎると周囲も戸惑いますので、ギャップを埋めるよう心がけましょう。職場でも上手にガードを緩めることが、好感をもたれるコツです。

何でも自分で解決しようとするので、何かにつまずくとたんに動けなくなってしまいます。そんな時はひとりで頑張りすぎないこと。普段から周りと定期的に話し合いの場をもつ習慣をつくりましょう。コミュニケーションを密にすることで、周囲はあなたの真意を理解し、応援してくれます。

ゾウタイプは自分に厳しいだけでなく、相手にも同じことを求めます。厳しくもあり、実行力もある優れたリーダー気質を備えていますが、誰もがあなたと同じように行動できるわけではありません。その一切の妥協を許さない姿勢に周りはこらえ切れず、あなたの元を離れていく者もいます。たとえ期待に１００パーセント応えられなかったとしても、相手を許す力を身につけましょう。

鞭《むち》をふるうばかりではなく、時には飴《あめ》を与えることも大切です。普段厳しい人からの優しさは、値千金《あたいせんきん》で相手の心に響き、あなたのために頑張ろうと奮起してくれるはずです。

それができたら、あなたのために働きたい人が集まる組織づくりが実現します。環境が整うことで実力を発揮できるタイプですから、周りから押し上げられるようにしてリーダーになれたら理想的です。

あなたは人をどう評価するか

一度スイッチが入ると、とことんまでやり抜き、とどまることを知りません。そんな自分の熱い思いについてきてくれる人間を求めます。

待つことはできないので、時間に遅れることを許しません。また、後回しにされることも嫌います。あなたが「来い」と言ったらすぐに動いてほしいし、頼んだ用事は即座にやってもらいたいのです。

自分の要求に応えてくれた相手とは、信頼関係を築きます。一方、タイミングを逃した人には、二度と声をかけようとしないシビアな面ももち合わせています。

ＶＩＰ扱いをされるのが好きなので、あなたのすごさや立派なところを強調してもらえると喜びます。優先順位のトップとして扱われることを望みます。

努力と忍耐の人ですから、誠実に努力をしている姿を見ると、好感をもちます。反対に、あれこれと言い訳をするような人には腹を立てて、心のシャッターを下ろしてしまいます。敵味方の区別がはっきりしているので、一度心を閉ざした相手には心を開くことはありません。

いつも不安を抱えているタイプなので、「絶対」「必ず」といった、核心を後押しするような言葉をかけてくれる人に安心感を覚えます。あなたに対して、いつも笑顔でいることや連絡をマメに取ることは、安心材料のひとつなのです。逆から見れば、不安を与える言動をする人や、鋭い目で睨《にら》みつけてくる人を嫌います。

あなたに提案する時は、その考えを尊重しつつも、自分の意見をきちんと伝えられるかどうかが重要になります。あなたの実績を否定するのではなく、今ある問題をもっと楽に解決できる方法は何か、というアプローチの仕方が効果的です。

相手がきちんと問題解決の方法を提示できれば、高い評価を下すでしょう。自分のポリシーを端的にまとめることができる人には一目置きます。

第11章

最強の自分のつくり方

ひつじ

ひつじ

人付き合いの広い現実主義者

あなたの キーワード

気配り　仲間　情報　コミュニケーション　現実性　第三者

あなたの 特徴

- 孤独が嫌いな寂しがり屋
- 団体行動が好き
- 相談事はウェルカム
- いつでも構ってもらいたい
- 「世のため、人のため」精神
- 仲間意識が強い
- 物事を客観的に捉える
- はっきりものを言える
- 話が長くなりがち
- できない約束はしない
- 情報収集が得意
- 愚痴を聞いてほしい

ひつじタイプの著名人

小沢一郎（政治家）、さだまさし（シンガーソングライター）、高田明（ジャパネットたかた創業者）、田中眞紀子（政治家）、経沢香保子（トレンダーズ創業者）、長渕剛（シンガーソングライター）、藤巻幸夫（実業家／政治家）、盛田昭夫（ソニー共同創業者）

あなたの性格・基本的なこと

主観にとらわれずに冷静に物事を捉え、常に妥当《だとう》な判断を下す能力をもっています。相談事をもちかけられることも多く、親身になって一生懸命相談に乗ります。ヘビーな相談の場合には相手の気持ちと立場を考え、あまり傷つかないような言葉を選ぶ配慮をします。

常識やモラルに徹しているので、約束は絶対に守ろうとします。守れない約束は絶対にしません。責任感も強く、時間や期日には特に慎重になります。度が過ぎると、他人の考えや行動にも常識やモラルを強要してしまうので、周囲から煙たがられることもあります。

寂しがり屋で、人間関係をもっとも大事にします。常に気配りをしているので、仲間はずれにされるとひどく落ち込みます。また和を乱す行為を嫌い、身勝手な人を軽蔑します。

悲観的な発想をするのも特徴的です。少しでも嫌なことがあれば、悪いほうに考えてしまうので、自己嫌悪に陥るタイプです。そのため、心を許している人には愚痴やぼやきが絶えません。

一度思い込むと事が済んでも引きずり、なかなか立ち直ることができません。裏切られたといつまでも根にもちます。

何でも知りたい情報収集家で、最新情報からおばあさんの知恵袋的なことまで何でも知っています。

情報収集と処理が得意な性格

客観的で偏りのない常識をもち、周りの誰とでも同じように一定の距離を置いて交際することをモットーにしています。

もともと仲間意識が強く、「人類兄弟みな友だち」という感覚が特徴です。それだけに仲間内での人間的信用を重視し、絶対に相手を裏切ることのないように誠心誠意努めるのです。

何をおいても友だちの力になろうとするし、その反対に自分が助けられれば心から感謝することを忘れない律儀さをもっています。

助け合い求め合うような心温まる付き合いを望んでいるため、仕事に関してもお互いの信頼関係で決めることがままあります。いくら仕事ができる人物であっても、人柄が好ましくない人とは取り引きしません。社会から変に飛び出した一匹狼や、平気で抜けがけするような人を嫌うからです。

同時に自分が仲間からはみ出したり嫌われたりするのを恐れるので、常に周囲の人に対する気配りを忘れません。心優しい寂しがり屋です。

常識的な批判や客観的な批判を展開するタイプであり、そのための情報の収集に努める知識人です。物事を先入観をもたずに観察し、慎重に判断しようとするため、どうしても悲観的な予測を立てがちですが、それもいい加減なことができない堅実さの表れといえます。

知識人としての豊富な情報を活かす

常識的なことから始まって専門知識まで、実に物知りで幅広い情報の持ち主です。特に世情の裏情報にも通じる融通性をもっているだけに、重宝がられることは間違いありません。

これからの情報社会、いかにして有益な情報を入手し、うまく提供していくかを考えるべきでしょう。これまでのデータではなく、生きた情報を幅広い人脈から得るのが得策です。

人柄重視のネットワーカー

寂しがり屋のこのタイプにとって、友人は何よりの宝です。そうした友人をたくさんもっていることに誇りを感じるので、誘われればどこへでも顔を出すし、新しい仲間を増やしていきます。

実に人付き合いがよく、幅広く社交性を発揮します。周りの誰に対しても同じように誠実に接するところが魅力的です。いつも相手の気持ちを思いやる配慮を欠かさないため、人受けもよく、気さくで親しみやすさを感じさせます。

ただし健全な常識と博識《はくしき》に支えられた人生観をもっているだけに、せっかくの人の和をかき乱すような人を許しません。付き合う相手は人柄のよい人に限られ、和気あいあいのムードの中で、信頼関係の強い人的ネットワークをつくることができるのです。

相手の立場に応じて態度を変え、巧みにコミュニケーションを取ることができるので、その能力をうまく活かしながら、財産になるような人脈を得ることを考えることが得意です。

信頼関係がすべて

友人知人から信用されることが何よりも嬉しいので、いい加減なことは絶対にしません。約束を守れないような人間はたいした人物ではないと思っているので、ちょっとでも不安があれば約束はせず、わからないことは慎重に調べます。

相談されれば知識人として的確な解答ができるように、日頃から情報通であるように努力します。そうした姿勢を見せることで自分という人間をわかってもらい、信用してもらおうとするのです。

このタイプの周りには自然と同じような価値観、人生観をもつ人々が集まってきて、和やかな雰囲気の中で仲間を増やしていくことができます。その代わり、秩序を乱す人、きちんとしたけじめがつけられない相手には、耳の痛いことをはっきり言います。

ただ、あまりにもギブ・アンド・テイクを全面に出すと、嫌がられることもあるので気をつけなければなりません。まず、何事も人柄を売り込んで、相手との信頼関係をつくることを第一に考えるべきです。

愚痴はストレス発散法

物事を始めるにあたっては、必ず信頼できる相手に相談し、客観的なアドバイスを求めてから取り組む慎重なタイプです。

本来、自分自身が常識的な考え方をするため、それだけでも十分辛い採点の下に計画を立てているのですが、自分のその判断を確認する意味で第三者に相談し、意見を求めるのです。

また、悩み事をもちかけるばかりではなく、日頃の憂《う》さ晴らしに相談することも有効です。いつも自己主張しないで我慢するだけに、愚痴を黙って聞いてくれる相手をつくっておくことが大事です。愚痴ることを格好悪いなどと思わず、大いにこぼしてストレス発散することを考えるべきでしょう。

ただし人を選ばないと嫌われる原因になります。

理想と現実のバランスが取れた知識人

本質的に「人類兄弟みな友だち」というような人間愛をもっているタイプですから、営利主義に走って人の道にはずれることを許しません。

世のため人のためになることで自分も潤《うるお》う形が理想的だと思っています。したがって、協力し合い、相談し合いながら一丸となって成功に導こうとします。

そのためには、時代の流れや世間の情報に通じ、柔軟に対応していかなければなりません。時代に遅れることもなく手堅い判断を下すためには、いち早く幅広い情報やデータを入手する必要があると考えています。

自分の人脈を通じて正確な情報を確保し、そのうえで調査し、整理することに努める知識人。そこに自分の主義、主観を導入することなく、実に客観的で冷静な情報収集能力をもっています。

その確かな知識に基づいて、今後の方向性や打ち手、打って出る時をクールに判断することができます。ただ、あまりにも安全策を取りすぎるために、時として予測が悲壮《ひそう》なものになりがちです。

あなたの本質

ひつじのキャラクターを人間の一生にたとえると、命が果てて墓の中に葬《ほうむ》られた時のような状態です。もう誰と話をすることもなく、暗闇にたったひとりで置き去りにされています。後は傍観者として、人々をじっと観察しながら見守ることしかできないのです。

生きている時には見えなかったことも、墓の中では悔しいほどによく見える。今を生きている人たちが、このまま進めば危険に遭遇することが予測できるだけに、何とか知らせてあげたい、力になりたいと思うのです。

墓の中でひとり寂しい思いをしているから、少しでも外の世界と接点をもちたくてウズウズしています。できることなら、すぐにも出ていって仲間入りしたい。そのため何よりコミュニケーションを大切にしています。

理念経営がもっとも向いているタイプです。常に理想と現実とのバランスが取れ、物事を第三者の目で捉える力があります。たくさんの仲間をつくり、世のため人のために尽くすことで支持を得て、自分の収益につなげます。

人はあなたをどう見ているか

四方八方に気遣いをする人だと思われています。

たとえ自分がゲストの立場でも、みなが満足しているかが気になって、気配りに余念がありません。周りが「そこまでしなくていいのに」と止めても、やらないのは嫌だと言って聞かないところがあります。反対に、他人に気を遣ってもらうことも大好きです。

知りたがり屋で専門外の分野の話でも詳しく聞いてきます。話すとつい長くなってしまうので、少々面倒くさいと思われることもあります。

誰に対しても人柄がいいので、あなたに話を聞いてほしい、相談したいという人が数多くいます。人の仲裁に入ってもどちらかに肩入れすることはなく、明確な結論を出そうとしません。

義理人情とモラルを重んじる常識人。確実でない約束はしないし、一度した約束は必ず守ります。

最強になるための長所の伸ばし方

第三者の立場に自分を置き換えて、物事をシミュレーションする力に長けています。収集したデータを基に、私情や先入観を挟まない客観的な予測を立てることができます。まずはそのために必要な知識や情報を身につけることが基本です。あなたにとっては、まったく関係のない分野の情報も、無駄になることは決してありません。

机上《きじょう》の論理だけではなく、幅広いネットワークを利用して、生きた情報を手に入れられることが強みです。情報に乗り遅れないように、異業種交流会などに参加して、常にアンテナを立てておくことが大切です。

すべての行動に段取りが必要なので、リズムをくずさないようにしましょう。

単に自分のためと思うよりも、人のためと思ってやるほうが、俄然《がぜん》やる気が出るタイプです。

目標は人前でコミットメントすることも効果的。多少の自己負担をかけることで、ゴールに到達するモチベーションを高めましょう。

特に気をつけるべきポイント

人の和を大切にするタイプですが、仲間内で問題が起こりそうな時には、あえて損な役回りを引き受けて、言いにくいこともはっきり言います。

また、他人の言動をシミュレーションし、自分にはできることがやれない人に対し、厳しく追及する面もあります。

その言葉は的《まと》を射《い》ているだけに、相手のショックは大きく、その傷は決して癒《い》えることはありません。後からフォローしても、時すでに遅く、人間関係がそこで終わってしまうこともままあります。

あなたが思う以上に言葉は刃《やいば》となることを理解し、たとえ本当のことであっても、オブラートに包んで伝えるよう心がけましょう。

理念をとても大切にしますが、そのことに振り回されすぎないように注意が必要です。現実よりも理念に引っ張られると、目の前のことが疎かになってしまいます。バランス感覚を大事にしましょう。

評価の上げ方

どんな時も、周りを楽しませようとする気配りがあるので、もともと評判のいい人です。しかし、話し始めると一から十まできっちり説明しないと気が済まない性格で、長くなりがちなのが玉にきず。せっかく周囲に神経を遣っていても「いい人だけどうっとうしい」と思われてしまっては損なので、話は早めに切り上げるようにしましょう。

いつも他人の気持ちを大事にするタイプです。自分が相手からどう見えているかが気になり、ファッションにしても自分の好みよりも、似合うデザインや色を優先します。そうやって常に周りに合わせる努力をしているので、自然と相手に好印象を与えています。

しかしながら、周りの反応を気にしすぎていると、知らず知らずのうちにストレスが溜まっていきます。それが爆発して大きな衝突につながるのなら、元も子もありません。どこかで無理をしていないか自分の胸に聞いてみてください。

他人の相談に乗ることが好きなタイプですが、反対に親身になって自分の相談に乗ってくれる友人を見つけておきましょう。日頃の不平不満を発散できる環境づくりをすることで気持ちが安定します。

情報通であることがあなたの強みではありますが、人間関係も情報も多すぎるとかえってそれに振り回されてしまうかもしれません。時には整理する勇気も必要です。

持ち前の面倒見のよさと仲間意識の強さで、あなたを応援する人はたくさんいます。あなた本来のよさを失わないで、仲間とともに夢に向かって歩み続けましょう。

あなたは人をどう評価するか

いろいろなところに顔を出し、たくさんの仲間をつくることが大好きです。どんな分野の人とでも話をしたがり、また話せることが大切なのです。誘いはめったに断らないので、比較的アポイントメントを取りつけやすいタイプです。

自分が知らないことを知っている相手に興味をもちます。ただし、話は聞いてもらいたいほうなので、自分の話ばかりする相手はNGです。あなたの話を十分聞いたうえで、知らない話を教えてもらえると嬉しい。新しい情報をくれる人を高く評価します。

約束を破ることを嫌うので、契約事でも「約束したじゃないですか」と言われると弱い。一度決めたことは、実現不可能なことでも、約束を反古《ほご》にしないで済むように、融通を利かせて対応しようとする律儀さがあります。相手にも同じことを求め、一度約束を破られると、二度と信用できません。

困った時に相談されると、一緒に解決方法を考えようとします。「自分がいないとダメなんだ」と実感したいので、素直に頼ってくれる人が好きなのです。あなたに迷惑をかけまいと、黙って話を進められるのは逆効果。自分がはずされることも情報がないことも嫌うので、連絡はマメに取ることが大切です。

愚痴、ぼやきをずっと聞いてくれる人が好きなのですが、イエスマンを意外と嫌います。常に第三者の目を欲しがるので、自分が思いつかないような切り口で提案をされると面白がるのです。

基本的には常識人。一般常識やモラルを大切にします。定番商品が大好きです。物事を提案される場合は、客観的と主観的の両方のデータを徹底的に提示すれば、最終的には信頼して受け入れます。

最強の自分のつくりかた

第12章

ペガサス

ペガサス

直感とひらめきが鋭い自由人

あなたの キーワード

感性　インスピレーション　自由奔放《ほんぽう》　変化　合理的　戦略

あなたの 特徴

- 気分屋であることを隠さない
- 束縛《そくばく》されるのが嫌
- 直感力が鋭い
- 一言でピンとくる
- 細かい指示を聞かない
- 気分の落差が激しい
- 自分の気持ちに正直
- 何事もオーバー
- 臨機応変に行動する
- 行動範囲が広い
- 上手に人を使う
- 得意分野で本領を発揮する

ペガサスタイプの著名人

井植歳男（三洋電機創業者）、石川遼（プロゴルファー）、イチロー（プロ野球選手）、椎名林檎（シンガーソングライター）、田﨑雅元（川崎重工業社長、会長を歴任）、藤原紀香（女優）、マイケル・ジョーダン（元バスケットボール選手）

あなたの性格・基本的なこと

ペガサスタイプは何事にもとらわれず、自分の思うままに振る舞う自由奔放な人で、規範やルールといった枠にはめられることが苦手です。

感情のみで生きているような人で、とても気分屋です。同じ場所にじっとしていることができず、ふわりとその場所からいなくなることも多々あります。

よく言えば、自分の気持ちに素直ということですが、その気分に振り回された犠牲者は後を絶ちません。気分のよい時と悪い時とでは人が変わってしまうくらいムラだらけの人です。

周りからは、捉えどころがなく「何を考えているのかまったくわからない」と思われていて、実は本人も自分のことをよく理解していません。

感性がとても豊かで、描いているビジョンや世界観はとてつもなく広く、そこから考え出す発想や行動は常識を超えるものばかり。周りを圧倒する能力をもっています。ただ、そうした考えには深い理由もなく本人も必要としていません。

また感受性も強く、いろいろなものから影響を受けます。

ノルマや時間・期限といった制限をつけてしまうと、途端にやる気が衰《おとろ》えてしまいます。飽き性なうえに面倒くさがりなので、長期的な作業や細かい作業は一切興味がなく、取り組もうとすらしません。

瞬間的な状況判断に優れる性格

鋭い直感とひらめきを武器に、自由に生きることを望んでいます。型にはめられたような生活を嫌い、思いどおりに変化を楽しみながら過ごす毎日に生きがいを感じるタイプです。

かといって、わがままで自分本位なわけではなく、折り目正しく礼節をわきまえています。ただ、じっと大人しくしているのが性に合わないだけなのです。

思い立ったが吉日で、東奔西走《とうほんせいそう》していきます。その行動は出かけたきり戻らない鉄砲玉のようであり、行動する範囲もとてつもなく広い。多少、早合点しがちなところもありますが、相手の気持ちを素早く察して調子を合わせるのもお手のものです。

とっさの状況判断は的確で、臨機応変な処理も難なくやってのけます。思いつきの行動が多いだけに、一貫性に欠けることもままありますが、その度胸と愛嬌はなんとも憎めない魅力といえます。

変化を好む行動派かと思えば、時々理想主義的な講釈《こうしゃく》をする者としての顔も覗《のぞ》かせます。

自由奔放を望みながらも、足元がフワフワしていると落ち着かない性分なだけに、「寄らば大樹《たいじゅ》の陰」的に社会で安心できる地位を理想としています。

内的な矛盾《むじゅん》が多く、なかなか本音で付き合おうとしませんが、本来は寂しがり屋の甘えん坊なのです。

常に人の和を尊重し、波風を立てることを嫌う道徳者であり、他人の面倒見のいい親分肌といえます。

変化の中で自分を活かす

スピーディかつスリルのある世界にあってこそ、自分の才能を発揮していくタイプです。目まぐるしい変化に即応し、スパッとポイントを見極めて、テキパキと処理してしまう抜群の能力をもっています。

行動派で飽きっぽい性分が影響しているのか、刻一刻と内容が変わるものに面白さを感じるのです。したがって、誰にでもできないような瞬間的な状況判断、その場に応じた適切な処理が必要とされている世界で、自分を活かすことを考えるべきです。

じっくり何かに没頭できないのも、自分から変化を求めているからといえるでしょう。

スピーディなのはいいのですが、早合点しては何にもならないので、走り出す前に人の意見を聞くことも有益だと知ったほうがよいでしょう。

行動範囲をどんどん広げよ

一時もじっとしていられない活動的なタイプです。バイタリティがありすぎて、じっくり腰を落ち着けて物事に取り組むことは苦手といえます。次から次へやりたいことがひらめいてくるので、とてものんびり机に向かっていられない心情なのです。

いつもソワソワしているようでいて、いざ外に飛び出すと、見違えるほどイキイキとします。何事も「案ずるより産むが易し」をモットーに、まずは行動しなければ始まらないと思っているのです。

それだけに、行動範囲の広さは天下一品。現場でひらめいたことを即実行に移し、あちこち足を延ばすので、自分でもその場になるまで行き先に見当がつかないところがあります。

広い範囲で行動することは、自分の世界を広げることにつながっていくので、大いに飛び回るべきです。ただ、現在地からコンタクトが取れるような方法を考えるべきでしょう。

自由な感覚を大切に

本来は自由奔放な生活スタイルを夢見ているのですが、現実にはそうはいきません。そこで、プライベートくらいはその自由な感覚を満喫しようとします。

仕事の席では押し出しのいい人物ですが、自分の時間を過ごす時はぐっとくだけたスタイルを好みます。そうすることによって気持ちのけじめをつけ、自由を味わおうとしているのです。

また、日頃から周りの人々に愛想よく接し、気持ちがほぐれるような雰囲気をつくろうとします。ただ単に緊張感のない環境を望んでいるわけではありません。あくまでも立場をわきまえながら、そのうえで親しみやすいムードがあることを「リラックス」と考えているのです。

反対になあなあの関係になることを極端に嫌い、節度ある態度や礼儀には実に厳しい面があります。それだけに、立場のある人から親しげに接してもらうと、ホッとして自分らしく振る舞えるのがこのタイプの特徴といえます。

安請け合いは禁物

勘で判断するかと思うと理屈を並べたり、客観的なのかと思うと調子に乗せられたりします。感覚的思考と論理的思考の両方の頭脳回路をもっているので、周りからすれば、つかみどころがなく理解しがたいところが多い。

自分でも頭の中がコロコロ変わるため、つい忘れることが多くなります。安請け合いは戒《いまし》めないと、言うことがいつも違って、信用を失うことにもなりかねません。

簡単に口約束するから「守る・守らない」が問題になるのです。どうせできないことは、最初から約束しないことです。さもなければ、書面を交わすくらい徹底すべきです。

気持ちを察して積極的に

人の口調、表情、態度から、その人の気持ちをさっと読み取り、即座に最適な行動を取ることができます。相手の気持ちを害することがないよう、常に気を配り、対応することができるので、気に入られることが多い。先手、先手を打って相手の希望を叶《かな》えていけば、悪い気持ちになる人はいません。気の利く存在として、目をかけられるようになるのは間違いないでしょう。

その対人的な直感を積極的に活かして、自分のペースで仕事を進めることを考えるべきです。人を相手に仕事をする場合には、スピーディなやり方で相手を呑《の》むことがポイント。しかも強気で押しまくるのではなく、抵抗感をもたせないで駆け引きを終えてしまうように、素早く自分の言い分を通すことです。相手の気持ちを察する鋭い直感があればこそ、成し得る技といえるでしょう。

あなたの本質

ペガサスのキャラクターを輪廻転生《りんねてんせい》する人間の一生にたとえると、死んで墓に葬られた後、朽《く》ち果てた肉体から抜け出して、最後に魂となって浮遊しているような状態です。肉体という器を失った今、自分を縛りつけておくものが何もなくなったわけですから、これ以上考えられないくらい自由なのです。

フワフワと風に漂《ただよ》いながら、好きなところへ行き、好きなように過ごすことができる。もう魂の状態になっているから、怖いものは何もありません。だからこそ、思い切りはいいし、あきらめも早い。

ただ、孤独の気楽さを満喫しながらも、本当は寂しくて仕方ないところがあります。心もとないことを自覚しているだけに、大きな木の根元に自分を縛りつけて、安心したい気持ちをもっています。そうすることで自分の存在感が確かめられるからです。

変化に即応し、ポイントを見極めてスマートに対処する力があります。超合理主義の戦略家、策略家。その才能を活かせるポジションを見つけたら爆発的能力を発揮します。

人はあなたをどう見ているか

いい加減に見えるかと思えば、きっちりしているところもある。傍から見たら、つかみどころのない人です。理解しようと思ってもわかりません。普通の人には真似できないカリスマ性を感じます。得意分野には徹底的に力を注ぎますが、それ以外のことは適当で、ギャップが激しい人です。

いつも自由気ままに飛び回っているので、いつどこにいるのか予測がつきません。束縛されることを嫌いますので、先の約束をしても、あまり期待できないと思われています。

気分屋ですが、そのことを周りに隠そうとしません。話をしても、聞く時の気分によって受け止め方が大きく違います。ノッている時とそうでない時の落差が激しいので、周りは対応に困ることもしばしばです。

おだてには弱く、もち上げると天高く昇っていきます。

最強になるための長所の伸ばし方

一から企業を立ち上げることはできませんが、すでに組織ができているところに入っていくのは得意です。ベンチャー企業の社長になるよりも、既存の会社で二代目、三代目の代表になるほうが向いています。

組織人の使い方がうまいので、それぞれの役割を果たす人々をコントロールする任務に就くとよいでしょう。超効率主義なので数字と戦略だけを自分で考えたら、後は上手に人にまかせることができるのです。

もって生まれた天真爛漫《てんしんらんまん》さを活かすことが何より大切です。束縛される環境にあると、凡人になってしまいます。できるだけ、のびのび振る舞える環境づくりをしましょう。

自由に大空を羽ばたくペガサスも、翼がなければただの馬。まず自分の得意分野を見つけることが大切です。それを見つけることができたら、爆発的才能を発揮するスペシャリストになれるでしょう。

特に気をつけるべきポイント

気分に左右されやすいので、調子がいい時と悪い時の差が激しい人です。ちょっと下降線に入ると、とたんに元気を失って精彩《せいさい》を欠きます。気持ちのムラをなくす努力をすれば、一流を目指すことができます。

優れたひらめきの持ち主ですが、思い込みの激しいところがあり、大きなミスをしてしまうこともあるので注意が必要です。面倒くさがらずに、要所要所での確認を怠らないようにしましょう。

飽き性なので、一度つまずいたらそこであきらめてしまう傾向があります。粘り強さを養うようにしてください。そのためには、常に変化のある環境づくりが重要です。最後までやり抜くことの大切さを学びましょう。

合理的な性格ですが、それをとことんまで突き詰めてしまうと「何もしない」ことに行き着いてしまうこともあるでしょう。やりたいことを見失うとことんまで落ち込んでしまう性格なので、将来の成功した自分をイメージして、目標に突き進んでください。

評価の上げ方

世の中の常識の範囲内に少しでも合わせようとすれば評価が上がります。

発想力が豊かで選択肢も多いので、普通の人が考えもつかないことを平気で口にしてしまうのです。常識では通じない冗談や、極論を言ったりして、相手を困らせてしまうことも少なくありません。それさえなくせば、あなたの評価は自ずとよくなります。

自由奔放に振る舞うのは結構ですが、他人の考えを尊重して行動することを大切にしましょう。合理的に戦略を練る時も、実際に現場で働く人々の立場も考慮して、「無理難題を押しつけていないか」を、シミュレーションしてみるとよいかもしれません。

行動範囲が極めて広く、常に一カ所にはいないタイプ。物事を進める時は、いかに自分が動かなくてもいい組織づくりをするかがポイントです。それぞれのポジションに立って、徹底的に計算し、役割分担を調整することは、あなたが得意とするところです。

その才能を活かして、自分不在でも機能するチームを確立しましょう。自分不在のマネジメントをきちんと確立できたら、お互いに満足がいく仕事ができるはずです。

自由な発想をもっているのですから、新しい形のリーダーシップのあり方を考えることができるはずです。ビジネスモデルや戦略を立てる力はあるので、後は実際に動いてくれる人材を確保すれば、組織をうまく回せるでしょう。

あなたは人をどう評価するか

自由奔放に見えて、他人からいい加減と思われることを嫌い、相手にも節度ある対応を求めます。馴れ合いの関係が苦手で、プライバシーに土足で踏み込まれると、とたんに心を閉ざしてしまいます。強要・拘束・束縛しない相手と自然な流れで親交を深め、信頼関係を築いていくことを理想としています。

「一を言えば十を知る」タイプですから、逐一《ちくいち》連絡を入れたり、こまめなフォローをしたりする必要はありません。ただし、要所要所はきちんとチェックするので、手抜きは禁物です。

面倒くさがりで飽きっぽい面があるので、どんなに素晴らしい話でも長々と話されると嫌気がさします。情報処理能力に優れているので、要点を押さえた簡潔な話をするだけですべての流れをつかめるのです。フィーリングがすべてですから、他人の考えを押しつけられたくありません。相手の話に興味のあることを見出せれば、自分から耳を傾けようとします。

一緒に過ごす時間の長さよりも、タイミングと感覚が合うかどうかが重要。感性がひとつでもピタッと合えば気に入ります。あなたのイメージを言葉にし、現実的に形にできる仲間を求めます。あなたの意に染まらないと、二度とチャンスを与えようとしません。物事の判断が早いので、即座に見切り、さっさと次に切り替えるシビアな面があるのです。

気分に左右されやすいので、自分のモチベーションを上げてくれるような、元気な人が好きです。あなたにオッケーをもらうためには、テンションが上がる雰囲気づくりが大切になるでしょう。気分を盛り上げてもらうと、「その場のノリ」で応じてしまう気安さがあります。

キャラクターの早見表

まずは、換算表を見ながら、自分の生まれた年と月の重なっている数字を確認してください。その数字に、自分の生まれた日を足します。合計数が60を超える場合は、60を引いてください。その数字を219ページのキャラクター対応表と照らし合わせ、自分のキャラクターを確認しましょう。

例） 1983年6月17日生まれの場合

（換算表） 56＋**（生まれた日）** 17＝**（合計数）** 73
（合計数が60以上なので） 73－60＝13
（キャラクター対応表） 13＝**狼**

［換算表］

西暦	1月	2月	3月	4月	5月	6月	7月	8月	9月	10月	11月	12月
1930（S5）	47	18	46	17	47	18	48	19	50	20	51	21
1931（S6）	52	23	51	22	52	23	53	24	55	25	56	26
1932（S7）	57	28	57	28	58	29	59	30	1	31	2	32
1933（S8）	3	34	2	33	3	34	4	35	6	36	7	37
1934（S9）	8	39	7	38	8	39	9	40	11	41	12	42
1935（S10）	13	44	12	43	13	44	14	45	16	46	17	47
1936（S11）	18	49	18	49	19	50	20	51	22	52	23	53
1937（S12）	24	55	23	54	24	55	25	56	27	57	28	58
1938（S13）	29	0	28	59	29	0	30	1	32	2	33	3
1939（S14）	34	5	33	4	34	5	35	6	37	7	38	8
1940（S15）	39	10	39	10	40	11	41	12	43	13	44	14
1941（S16）	45	16	44	15	45	16	46	17	48	18	49	19
1942（S17）	50	21	49	20	50	21	51	22	53	23	54	24
1943（S18）	55	26	54	25	55	26	56	27	58	28	59	29
1944（S19）	0	31	0	31	1	32	2	33	4	34	5	35
1945（S20）	6	37	5	36	6	37	7	38	9	39	10	40

西暦	1月	2月	3月	4月	5月	6月	7月	8月	9月	10月	11月	12月
1946 (S21)	11	42	10	41	11	42	12	43	14	44	15	45
1947 (S22)	16	47	15	46	16	47	17	48	19	49	20	50
1948 (S23)	21	52	21	52	22	53	23	54	25	55	26	56
1949 (S24)	27	58	26	57	27	58	28	59	30	0	31	1
1950 (S25)	32	3	31	2	32	3	33	4	35	5	36	6
1951 (S26)	37	8	36	7	37	8	38	9	40	10	41	11
1952 (S27)	42	13	42	13	43	14	44	15	46	16	47	17
1953 (S28)	48	19	47	18	48	19	49	20	51	21	52	22
1954 (S29)	53	24	52	23	53	24	54	25	56	26	57	27
1955 (S30)	58	29	57	28	58	29	59	30	1	31	2	32
1956 (S31)	3	34	3	34	4	35	5	36	7	37	8	38
1957 (S32)	9	40	8	39	9	40	10	41	12	42	13	43
1958 (S33)	14	45	13	44	14	45	15	46	17	47	18	48
1959 (S34)	19	50	18	49	19	50	20	51	22	52	23	53
1960 (S35)	24	55	24	55	25	56	26	57	28	58	29	59
1961 (S36)	30	1	29	0	30	1	31	2	33	3	34	4
1962 (S37)	35	6	34	5	35	6	36	7	38	8	39	9
1963 (S38)	40	11	39	10	40	11	41	12	43	13	44	14
1964 (S39)	45	16	45	16	46	17	47	18	49	19	50	20
1965 (S40)	51	22	50	21	51	22	52	23	54	24	55	25
1966 (S41)	56	27	55	26	56	27	57	28	59	29	0	30
1967 (S42)	1	32	0	31	1	32	2	33	4	34	5	35
1968 (S43)	6	37	6	37	7	38	8	39	10	40	11	41
1969 (S44)	12	43	11	42	12	43	13	44	15	45	16	46
1970 (S45)	17	48	16	47	17	48	18	49	20	50	21	51
1971 (S46)	22	53	21	52	22	53	23	54	25	55	26	56
1972 (S47)	27	58	27	58	28	59	29	0	31	1	32	2

西暦	1月	2月	3月	4月	5月	6月	7月	8月	9月	10月	11月	12月
1973 (S48)	33	4	32	3	33	4	34	5	36	6	37	7
1974 (S49)	38	9	37	8	38	9	39	10	41	11	42	12
1975 (S50)	43	14	42	13	43	14	44	15	46	16	47	17
1976 (S51)	48	19	48	19	49	20	50	21	52	22	53	23
1977 (S52)	54	25	53	24	54	25	55	26	57	27	58	28
1978 (S53)	59	30	58	29	59	30	0	31	2	32	3	33
1979 (S54)	4	35	3	34	4	35	5	36	7	37	8	38
1980 (S55)	9	40	9	40	10	41	11	42	13	43	14	44
1981 (S56)	15	46	14	45	15	46	16	47	18	48	19	49
1982 (S57)	20	51	19	50	20	51	21	52	23	53	24	54
1983 (S58)	25	56	24	55	25	56	26	57	28	58	29	59
1984 (S59)	30	1	30	1	31	2	32	3	34	4	35	5
1985 (S60)	36	7	35	6	36	7	37	8	39	9	40	10
1986 (S61)	41	12	40	11	41	12	42	13	44	14	45	15
1987 (S62)	46	17	45	16	46	17	47	18	49	19	50	20
1988 (S63)	51	22	51	22	52	23	53	24	55	25	56	26
1989 (H1)	57	28	56	27	57	28	58	29	0	30	1	31
1990 (H2)	2	33	1	32	2	33	3	34	5	35	6	36
1991 (H3)	7	38	6	37	7	38	8	39	10	40	11	41
1992 (H4)	12	43	12	43	13	44	14	45	16	46	17	47
1993 (H5)	18	49	17	48	18	49	19	50	21	51	22	52
1994 (H6)	23	54	22	53	23	54	24	55	26	56	27	57
1995 (H7)	28	59	27	58	28	59	29	0	31	1	32	2
1996 (H8)	33	4	33	4	34	5	35	6	37	7	38	8
1997 (H9)	39	10	38	9	39	10	40	11	42	12	43	13
1998 (H10)	44	15	43	14	44	15	45	16	47	17	48	18
1999 (H11)	49	20	48	19	49	20	50	21	52	22	53	23

西暦	1月	2月	3月	4月	5月	6月	7月	8月	9月	10月	11月	12月
2000 (H12)	54	25	54	25	55	26	56	27	58	28	59	29
2001 (H13)	0	31	59	30	0	31	1	32	3	33	4	34
2002 (H14)	5	36	4	35	5	36	6	37	8	38	9	39
2003 (H15)	10	41	9	40	10	41	11	42	13	43	14	44
2004 (H16)	15	46	15	46	16	47	17	48	19	49	20	50
2005 (H17)	21	52	20	51	21	52	22	53	24	54	25	55
2006 (H18)	26	57	25	56	26	57	27	58	29	59	30	0
2007 (H19)	31	2	30	1	31	2	32	3	34	4	35	5
2008 (H20)	36	7	36	7	37	8	38	9	40	10	41	11
2009 (H21)	42	13	41	12	42	13	43	14	45	15	46	16
2010 (H22)	47	18	46	17	47	18	48	19	50	20	51	21
2011 (H23)	52	23	51	22	52	23	53	24	55	25	56	26
2012 (H24)	57	28	57	28	58	29	59	30	1	31	2	32
2013 (H25)	3	34	2	33	3	34	4	35	6	36	7	37
2014 (H26)	8	39	7	38	8	39	9	40	11	41	12	42
2015 (H27)	13	44	12	43	13	44	14	45	16	46	17	47
2016 (H28)	18	49	18	49	19	50	20	51	22	52	23	53

キャラクター対応表

1	チータ	11	こじか	21	ペガサス	31	ゾウ	41	たぬき	51	ライオン
2	たぬき	12	ゾウ	22	ペガサス	32	こじか	42	チータ	52	ライオン
3	猿	13	狼	23	ひつじ	33	子守熊	43	虎	53	黒ひょう
4	子守熊	14	ひつじ	24	狼	34	猿	44	黒ひょう	54	虎
5	黒ひょう	15	猿	25	狼	35	ひつじ	45	子守熊	55	虎
6	虎	16	子守熊	26	ひつじ	36	狼	46	猿	56	黒ひょう
7	チータ	17	こじか	27	ペガサス	37	ゾウ	47	たぬき	57	ライオン
8	たぬき	18	ゾウ	28	ペガサス	38	こじか	48	チータ	58	ライオン
9	猿	19	狼	29	ひつじ	39	子守熊	49	虎	59	黒ひょう
10	子守熊	20	ひつじ	30	狼	40	猿	50	黒ひょう	60	虎

おわりに

私に寄せられる質問の中でもっとも多いのが「どのタイプがリーダーに向いていますか」というものです。多くの人の印象として、人の上に立つことができるのは、特別な才能の持ち主だけと思われているようです。

私が強調しておきたいのは「どのタイプにもリーダーがいる」ということです。ひと口にリーダーといっても、そのあり方は千差万別《せんさばんべつ》。どの分野においても、それぞれの個性に合ったやり方を選択している人たちが成功を収めています。

誰にでも才能がありますが、うまく周囲に伝えられていないだけなのです。

あなたは本書を通して、「自分のことは自分が一番よく知っている」という認識が、単なる思い込みに過ぎなかったとお気づきになったと思います。また、他人の考え方がこうも違うのか、と驚かれたかもしれません。

「自分を知り、相手を知る」ことができたら、しめたものです。自分の強みや弱みをしっかり知って、コントロールする術《すべ》を覚えたら、他者評価を上げることはそれほど難しいことではありません。後はシンプルに相手の求めることに応えるだけです。そうすれば周囲の人に実力を認めてもらい、仕事はもとより、人生そのものが大きく変化することでしょう。

ＩＳＤ個性心理学では、キャラクター分類とは別に、ライフスタイル（生き方）を位置づけた「レール」という10種類の分類方法があります。「レール」によって、生きていくうえでの目的や天職のベースとなる大事な要素を知ることができます。

12分類で自分の価値観や思考を理解したうえで、進むべき方向がわかれば、向かうところ敵なしです。ご興味のある方はともに学び、豊かな未来を創造していきましょう。

ＩＳＤ個性心理学をきっかけに、みなさんが思い描くとおりの人生を歩んでいけますよう、願ってやみません。

２０１５年1月吉日　　服部磨早人

※本書で紹介している著名人は、公表されている生年月日を基にタイプを割り出しています。

服部磨早人（はっとり・まさと）

一般社団法人ISD個性心理学協会代表理事
一般社団法人子育てカウンセラー協会代表理事

1970年大阪生まれ。

1992年カナダに留学し、人間関係論を専攻した後、幼児教育法を生かしたアメリカンスクールを神戸にてスタートさせる。1997年アメリカンスクールを運営する中で、人の意思や行動パターンの法則性の基礎である「東洋哲学」に興味をもち、2年間の研究・検証を経て、「ISDロジック」を構築。ロジックを生かし「動物占い」の開発に携わる。2001年「ISD個性心理学協会」を発足し、「ISDロジック」を活用した独自のカリキュラムを起用し、全国で研修を実施。採用企業は50社を超え、実学として活用できるシステムとして各業界から支持を得る。2012年「一般社団法人ISD個性心理学協会」に変更、「一般社団法人子育てカウンセラー協会」を発足。年間200を超える講演会を国内で開催しながら、海外の国際会議で「ISDロジック」の研究結果を発表している。

著書に『赤もち占い』（小学館）などがある。

ISD個性心理学《こせいしんりがく》に基《もと》づく 最強《さいきょう》の自分《じぶん》のつくり方《かた》

2015年2月1日　第1刷発行

著　者　服部磨早人《はっとりまさと》

発行者　佐藤 靖

発行所　大和書房《だいわ》
東京都文京区関口1-33-4
電話03(3203)4511

編集協力　株式会社チカラ

アートディレクション　宮崎謙司（lil.inc）
デザイン　清水孝行、設楽彩香（lil.inc）
イラスト　金井清美（lil.inc）

本文印刷　シナノ印刷
カバー印刷　歩プロセス
製本所　小泉製本

ISBN978-4-479-79462-2

http://www.daiwashobo.co.jp/